bella ESPERANZA

Encontrando esperanza a diario en un mundo quebrantado

BEACON PUBLISHING

North Palm Beach, Florida

Tapa blanda ISBN: 978-1-63582-037-9
Libro digital ISBN: 978-1-63582-038-6

Diseño de portada por Jenny Miller
Diseño interior por Ashley Wirfel

Para mayor información sobre cantidades superiores de este título o de otros
libros o discos compactos disponibles mediante el programa de libros de Dynamic
Catholic, por favor visite www.DynamicCatholic.com
o llame al +1-858-980-7900

The Dynamic Catholic Institute
5081 Olympic Blvd Erlanger Kentucky 41018
+1-859-980-7900
info@DynamicCatholic.com

Primera impresión, enero de 2018

Impreso en los Estados Unidos de América

CONTENIDO

PRELUDIO

MATTHEW KELLY

"El hombre puede vivir cuarenta días sin comida,
como tres días sin agua, como ocho minutos sin aire,
pero solo un segundo sin esperanza".
—Anónimo

A Paul le había llegado su hora. Él podía verlo en los ojos del médico. Tras una vida de noventa y dos años, Paul estaba listo para regresar a Dios. Lo último que pedía era pasar un momento en privado con cada una de aquellas personas especiales que se habían congregado a su cabecera.

Tres hijos, cinco nietos, un colega y dos amigos de toda la vida compartieron las últimas horas de la vida de Paul. Palabras de amor, aprecio y perdón. Lágrimas de dolor. Lágrimas de risa. Cada uno salió del cuarto más liviano de lo que se había sentido en años. Cada encuentro fue fuente de paz, una paz que solo proviene de pasar el tiempo con una vida bien vivida.

Afuera, en la sala de espera, nervioso y un tanto temeroso, Connor esperaba su turno. Él era el nieto de Paul. Cuando tenía diez años, su papá los dejó a él, a su madre y a sus dos hermanos menores. La mamá de Connor, la hija de Paul, quería que, durante la crianza, sus tres hijos tuvieran un fuerte rol masculino, así que se mudaron a la casa de su padre. Paul, quien había enviudado recientemente, agradeció la compañía.

En los primeros años, Paul le había enseñado a Connor todo lo que sabía: cómo pescar, cómo vivir como un hombre íntegro y cómo orar. En los últimos años los papeles habían cambiado. Cuando el cuerpo de Paul empezó a decaer, Connor llevaba a su abuelo a misa los domingos, le ayudaba a alistarse por las mañanas y por la noche antes de acostarse; se quedaba con él hasta tarde, cuando el dolor no lo dejaba dormir, escuchando viejos discos de Frank Sinatra. El amor que los unía sobrepasaba lo que las palabras podían expresar.

Pero Connor no estaba preparado para despedirse. Paul era su roca, su modelo. Connor se preguntaba cómo podía seguir viviendo sin él. Fue el último en visitar a su abuelo. Entró y se sentó al lado de Paul, quien tenía los ojos cerrados. Cuando abrió los ojos le sonrió a su nieto. Inmediatamente Connor comenzó a sollozar. "¡No quiero perderte!" exclamó mientras recostaba su cabeza sobre el pecho de su abuelo.

Paul respiró profundamente saboreando el momento. Recordaba el día en que Connor había nacido, y como él apenas cabía en la palma de su mano. Paul le daba gracias a Dios por enviarle un amigo así en la última etapa de su vida. Paul levantó la barbilla de su nieto de tal forma que los dos pudieran verse a los ojos. "Hijo, siempre estaremos juntos; tú lo sabes. Solo reza por mí de este lado del cielo, y ten certeza de que yo estaré rezando por ti del otro lado. Un día nos volveremos a encontrar". Secó las lágrimas de su nieto; compartieron una sonrisa y se abrazaron una última vez.

Eso es esperanza, una bella esperanza.

Por un tiempo Brian se venía sintiendo inquieto, con la sensación de que algo le faltaba. No podía entender por qué. Tenía un buen trabajo que le permitía mantener bien a su esposa y a sus dos niños. Tenía un buen matrimonio. Ciertamente la pasión se había desvanecido, pero esto sucede con la edad. Por lo general, sus niños se portaban bastante bien. Él los amaba y ellos lo sabían. La mayoría de los domingos la familia iba junta a misa. Gozaban de una buena vida. Él era un hombre bueno. ¿Cuál era el problema? ¿Por qué no podía simplemente ser feliz?

Cada día, de camino a su trabajo, Brian pasaba por su parroquia, la Iglesia de San Patricio. Recientemente algo en su interior lo impulsaba a entrar. Venía ignorando ese impulso por varias semanas, diciéndose a sí mismo que pasaría. Pero no había sucedido así. Esa sensación de que algo lo empujaba seguía acompañándolo.

Finalmente, Brian entró a la iglesia, no precisamente porque pensaba que eso le iba a ayudar, sino para probar un punto. Pensó que si simplemente entraba y se quedaba allí por diez minutos, nada iba a pasar y podría continuar con su vida. Sin embargo, la quietud lo absorbió por completo. Inmediatamente se sintió atraído por el silencio. Toda su vida estaba impregnada de ruido, por lo que el silencio le venía bien... y le traía paz.

Brian comenzó a soñar despierto con el cielo. Se preguntaba cómo sería estar ahí, de pie frente a Dios. Se preguntaba cómo se sentiría Dios respecto a la tibieza con que estaba llevando su vida. Se preguntaba si Dios lo consideraba un buen esposo y un padre abnegado. Y mientras lo pensaba se apropió de él un sentimiento de gran insatisfacción.

De un momento a otro sintió que la vida era increíblemente corta. Los problemas laborales, su lista de cosas por hacer en la casa y la posibilidad de que los Colts de Indianápolis ganaran este domingo pasaron a un segundo lugar en su mente. Brian comenzó a preguntarse cuándo había sido la última vez que había mirado a su esposa directamente a los ojos y realmente había escuchado lo que tenía que decir. Recordó el auto que tenía en el garaje de la casa y en la promesa que le había hecho a su hijo de que iban a arreglarlo juntos. Pensó en su hija y en el hecho de que en meses lo único que hacían era pelear. Trató de recordar cuándo había sido la última vez que le había elevado una oración a Dios... que había orado de verdad.

Al día siguiente, Brian regresó a su parroquia. Y al día siguiente. Y al siguiente. Formó un nuevo hábito de sentarse simplemente en silencio. Y de hablar con Dios. Reflexionó sobre su vida. Reflexionó sobre el cielo. Luego empezó a hacer un plan con Dios. Un plan para cambiar su vida.

Eso es esperanza, una bella esperanza.

No hace mucho estaba dando una conferencia aquí en Cincinnati, cuando una mujer me detuvo. "Disculpe que lo moleste", dijo, "pero solo quiero darle las gracias".

Me detuve, y nos saludamos con un apretón de manos. Empezó a contarme la historia de su esposo. Que él había asistido a uno de mis eventos sobre cómo vivir con pasión y propósito y que Dios había tocado su corazón de una forma impactante. Me dijo cómo el genio del catolicismo había transformado su vida y cómo se había convertido en el esposo y en el padre que ella había soñado que fuera capaz de ser.

Me relató el día del accidente de su marido. Lo que había sido recibir una llamada de un extraño que le comunicaba que su esposo había fallecido. Se refirió a esa desgarradora experiencia de decirles a sus niños que su padre ya no regresaría a casa nunca más. Habló sobre el dolor que sintió esa primera noche al irse a dormir sola.

Luego me habló del día antes del funeral y de una idea que se le había ocurrido a ella. En su último año de vida, su marido había tratado de compartir el amor de Dios con tantas personas como había podido. Se rio al recordar la vergüenza que les daba a sus hijos que su padre repartiera sin timidez alguna discos compactos y libros católicos a quien fuera, a diestra y siniestra.

Me contó que el día anterior al funeral, ella había llamado, desesperada, a nuestro equipo de *Dynamic Catholic*. Le había rogado a uno de los miembros de nuestro equipo poner una orden expedita de dos de los discos compactos favoritos de su esposo. Para honrarlo, quería dar un CD como regalo a todos los que asistieran a su funeral.

Antes de irse me volvió a dar las gracias. Me dio las gracias por inspirar a su esposo y ayudarle a Dios a transformar la vida de su familia para bien. Y me pidió extender el agradecimiento a mi equipo por haber respondido con creces cuando ella más lo necesitaba.

Mientras la veía partir, me sentí profundamente conmovido.

Quizás no vuelva a verla nunca más, pero si la veo, yo seré quien le agradezca. Y le daré las gracias por dos razones.

Primero, su historia me hace recordar que nunca es demasiado tarde para comenzar de nuevo. Su esposo lo descubrió. Nunca es demasiado tarde para volver a empezar. Nunca es demasiado tarde para decidir llegar a ser la mejor versión de ti mismo. Ella me recordó que Dios quiere que seamos personas de posibilidades, y las personas de posibilidades nunca se dan por vencidas.

La segunda razón es que ella me hizo recordar por qué empezamos *Dynamic Catholic* en primer lugar. Lo hicimos porque creemos que nuestro futuro puede ser más grande que nuestro pasado.

Si alguna vez nos visitas, encontrarás, al pasar por la puerta principal de nuestra oficina, la declaración de nuestra misión, escrita en letras grandes. Dice lo siguiente: *La misión de Dynamic Catholic es infundirle nueva energía a la iglesia católica en Estados Unidos desarrollando recursos de clase mundial que inspiren a las personas a volver a descubrir el genio del catolicismo.*

Nuestra misión es más que una explicación de lo que pretendemos alcanzar. Es una declaración de lo que es posible. Es una misión de esperanza.

Para este libro, hemos contado con la ayuda de personas increíbles para capturar el poder de la esperanza. A cada autor se le pidió escribir sobre alguno de los siguientes temas: ¿Qué te da esperanza? ¿Qué alimenta tu esperanza? ¿De dónde proviene la esperanza que depositas en la iglesia católica? ¿Cuáles son tus esperanzas para la iglesia católica y para la humanidad? ¿Cómo llevas esperanza a los demás?

Algunos de los autores de este libro son escritores y conferencistas profesionales, pero muchos no lo son. Muchos de ellos nunca habían publicado nada anteriormente. Son católicos comunes, que hacen todo lo que pueden por vivir el Evangelio. La razón es simple: la esperanza que proviene de Dios puede experimentarse y propagarse a cualquier edad, en cualquier etapa de la vida, en cualquier momento y en cualquier lugar. Todo lo que se necesita es un corazón abierto y un espíritu dispuesto.

Cuando tuve la idea de este libro por primera vez, les pedí a los miembros del equipo de *Dynamic Catholic* que me dijeran cuál persona en su vida les había dado más esperanza. En casi todos los casos, había sido la persona que en sus vidas había sufrido más. ¿Nos debería sorprender que la luz brille con mayor intensidad en la noche más oscura?

Estos son tiempos difíciles para las personas de fe. La iglesia ha enfrentado muchas dificultades durante los últimos veinte años. En mis viajes por el país, me parece que tenemos menos esperanza de la que teníamos hace veinte años. No nos sentimos tan esperanzados al pensar en el futuro de nuestras familias y de nuestros seres queridos. De la misma forma, tenemos menos esperanzas acerca del futuro de la Iglesia.

Si vamos a llegar a ser las personas y la Iglesia con que Dios sueña, esto debe cambiar. Necesitamos esperanza. Al fin y al cabo, la esperanza es algo bueno, tal vez lo mejor. La esperanza es algo que no puedes comprar, pero que se te dará gratuitamente si la pides. Sin ella nadie puede vivir.

Lo que hoy leemos nos acompaña y nos habla mañana. Realmente llegamos a ser lo que leemos. Espero que este libro te acompañe y te hable con tanta intensidad que Dios llene por completo tu mente, tu cuerpo y tu alma de esperanza. Espero que te sientas orgulloso de ser católico. Somos gente de esperanza. Y nuestro futuro es aún más esplendoroso que nuestro pasado.

¿Cómo les brindarás esperanza a otras personas hoy?

Matthew Kelly es uno de los autores de mayor éxito de ventas según el *New York Times*, con más de veinte publicaciones entre las cuales figuran *El Ritmo de la vida y Vuelve a descubrir a Jesús*.

INTRODUCCIÓN:
NUNCA PIERDAS LA ESPERANZA

PAPA FRANCISCO

La esperanza nunca defrauda. ¡El optimismo defrauda, la esperanza no! La necesitamos mucho en estos tiempos que se aparecen oscuros. ¡Necesitamos esperanza! Nos sentimos perdidos e incluso un poco desanimados porque nos sentimos impotentes y nos parece que esta oscuridad nunca se acaba.

Pero no hay que dejar que la esperanza nos abandone porque Dios, con su amor, camina con nosotros. "Yo espero, tengo esperanza, porque Dios camina conmigo", todos nosotros podemos afirmarlo. Cada uno de nosotros puede decir: "Espero, tengo esperanza, porque Dios camina conmigo". Camina y me lleva de la mano. Dios no nos deja solos y el Señor Jesús ha vencido al mal y nos ha abierto el camino de la vida...

Escuchemos las palabras de la Sagrada Escritura, empezando con el profeta Isaías... el gran mensajero de la esperanza.

En la segunda parte de su libro, Isaías se dirige al pueblo con su mensaje de consolación: "Consolad, consolad a mi pueblo, dice vuestro Dios. Hablad al corazón de Jerusalén y gritadle que ya ha cumplido su milicia, que su iniquidad ha sido perdonada...".

Una voz clama: "En el desierto abrid camino al Señor, trazad en la estepa una calzada recta a nuestro Dios. Que todo valle sea elevado, y todo monte y cerro rebajado; que el terreno escabroso se allane y la breña se torne en valle. Se revelará la gloria del Señor y todas las criaturas juntas la verán; pues ha hablado la boca del Señor" (Isaías 40:1-2,3-5).

El exilio fue un momento dramático en la historia de Israel, el pueblo lo había perdido todo: la patria, la libertad, la dignidad e incluso la confianza en Dios. Se sentían abandonados y sin esperanza. Pero aquí está la llamada del profeta que vuelve a abrir el corazón a la fe. El desierto es un lugar donde es difícil vivir, pero justo allí se podrá caminar ahora, no solo para volver a la patria, sino para volver a Dios, para volver a esperar y a sonreír. Cuando estamos en medio de la oscuridad, atravesando dificultades, no viene la sonrisa, y es precisamente la esperanza la que nos enseña a sonreír para encontrar el camino que lleva a Dios. Una de las primeras cosas que les pasa a las personas que se separan de Dios es que son personas sin sonrisa. Quizás pueden reírse a carcajadas, una detrás de otra, un chiste, una risilla... pero les falta la sonrisa. La sonrisa la da solamente la esperanza: es la sonrisa de la esperanza de encontrar a Dios.

La vida es a menudo un desierto; es difícil caminar por la vida, pero si confiamos en Dios, puede volverse hermosa y ancha como una autopista. Simplemente recuerda nunca perder la esperanza; simplemente sigue creyendo, siempre, a pesar de todo... Cada uno sabe en qué desierto camina, cualquiera que sea el desierto de nuestras vidas, se convertirá en un jardín florecido. ¡La esperanza no decepciona!

Una vez más el profeta Isaías nos ayuda a abrirnos a la esperanza acogiendo la buena nueva de la venida de la salvación.

―――――

El capítulo 52 de Isaías empieza con la invitación dirigida a Jerusalén para que se despierte, para que se sacuda el polvo y las cadenas y se ponga los vestidos más bellos, porque el Señor ha venido a liberar a su pueblo (vv. 1-3). Y añade: "Ese día mi pueblo conocerá mi nombre, pues Yo soy aquel que dice: '¡Aquí estoy!'" (v.6). A este "aquí estoy" dicho por Dios, que sintetiza toda su voluntad de salvación y de cercanía a nosotros, responde Jerusalén con un canto de júbilo, según la invitación del profeta.

Estas son las palabras de fe en un Señor cuyo poder se agacha para ponerse al nivel de la humanidad, se rebaja para ofrecer misericordia y liberar al hombre y a la mujer de todo aquello que desfigura en ellos la bella imagen de Dios, porque cuando estamos en pecado, la imagen de Dios se desfigura. La plenitud de tanto amor será precisamente el mismo Reino instaurado por Jesús, ese Reino de perdón y de paz que nosotros celebramos en la Navidad y que se realiza definitivamente en la Pascua.

Son estos, hermanos y hermanas, los motivos de nuestra esperanza. Cuando parece que todo ha terminado, cuando, frente a tantas realidades negativas, la fe nos cansa y viene la tentación de decir que nada tiene sentido, aquí está sin embargo la buena nueva... Dios viene a realizar algo nuevo, a instaurar un Reino de paz... El mal no triunfará para siempre, hay un fin al dolor. La desesperación ha sido vencida pues Dios está entre nosotros.

Y también a nosotros se nos pide despertar, como Jerusalén, como ha invitado el profeta; estamos llamados a convertirnos en mujeres y hombres de esperanza, colaborando con la venida de este Reino hecho de luz y destinado a todos... ¡Dios destruye los muros con el perdón! Y por eso debemos orar, para que cada día Dios nos dé esperanza y se les dé a todos, esa esperanza que nace cuando vemos a Dios en el pesebre de Belén. El mensaje de la buena nueva que se nos ha confiado es urgente.

Fue también Isaías quien profetizó el nacimiento del Mesías en varios pasajes: "Por tanto el Señor mismo os dará una señal: He aquí que una virgen concebirá y dará luz a un hijo, y le pondrá por nombre Emmanuel" (Isaías 7:14); y también "saldrá un retoño del tronco de Isaí, y de sus raíces brotará un renuevo" (Isaías 11:1).

En estos pasajes resplandece el significado de la Navidad: Dios llena la promesa volviéndose hombre; no abandonando a su pueblo, sino acercándose a nosotros al punto de despojarse de su divinidad. De esta forma Dios muestra su fidelidad e inaugura un nuevo Reino que le da una nueva esperanza a la humanidad. ¿Y cuál es esta esperanza? La vida eterna.

Cuando hablamos de esperanza, generalmente nos referimos a lo que no reside en el poder del hombre realizar, a algo invisible. De hecho, lo que esperamos va más allá de nuestra fuerza y de nuestra percepción. Pero el nacimiento de

Cristo, inaugurando redención, nos habla de una esperanza distinta, una esperanza entendible, visible, fiable, porque está fundada en Dios. Él viene al mundo y nos da la fuerza para caminar con Él: Dios camina con nosotros en Jesús, y el caminar con Él hacia la plenitud de la vida nos brinda la fuerza necesaria para vivir el presente de una nueva manera, aunque ardua. De este modo, para un cristiano, esperar significa tener la certeza de peregrinar con Cristo hacia el Padre que nos espera. La esperanza nunca es estática; la esperanza está siempre en tránsito, y nos hace transitar. Esta esperanza que nos da el Niño de Belén nos ofrece un destino, una meta segura, la salvación de la humanidad y la bendición para aquellos que confían en la misericordia de Dios. San Pablo lo resume con la siguiente expresión: "Porque en la esperanza hemos sido salvados" (Romanos 8:24). En otras palabras, caminando en este mundo, con esperanza, somos salvados. Aquí nos podemos hacer la pregunta, cada uno de nosotros: ¿Estoy caminando con esperanza, o mi vida interior es estática, cerrada? ¿Es mi corazón una gaveta cerrada o una abierta a la esperanza que me permite caminar —no en soledad— sino con Jesús?

Aquellos que confían en sus propias certezas, especialmente las materiales, no esperan la salvación de Dios. Tengamos esto en mente: nuestra propia seguridad no nos salvará; la única certeza que nos salvará es la esperanza en Dios. Nos salvará porque es fuerte y nos da la capacidad de peregrinar por la vida con gozo, con la voluntad de hacer el bien, con la voluntad de alcanzar la felicidad eterna.

La esperanza cristiana se expresa en alabanza y gratitud a Dios, quien ha iniciado su Reino de amor, justicia y paz... Verdaderamente celebraremos si acogemos a Jesús, la semilla de la esperanza que Dios deposita en los surcos de nuestra historia comunitaria e individual. Cada "sí" a Jesús, quien viene, es un brote de esperanza. Confiemos en este brote de esperanza, en este "sí": "Sí, Jesús, puedes salvarme, puedes salvarme".

PARTE UNO

OPTANDO POR LA ESPERANZA

"El Señor es mi herencia", dice mi alma,
por eso espero en Él".

— LAMENTACIONES 3:24

UNA FUERZA PODEROSA

PADRE MIKE SCHMITZ

"Tener esperanza cristiana significa saber del mal y aun
así ir al encuentro del futuro con confianza".
— *Papa emérito Benedicto XVI*

¿Cómo se vive con esperanza? En ocasiones el mundo parece estar perdido. A un nivel más personal, a veces nuestras vidas parecen estar llenas de dolor e insensatez. Nada parece tener sentido.

Si alguna vez te hiciste esta pregunta, es una buena señal. Es un signo de que tienes un cierto grado de esperanza, porque has tomado la iniciativa de buscar una respuesta. Y la esperanza va a estar casi siempre conectada con la acción.

Hace años, leí el fenomenal libro de Laura Hillenbrand, *Invencible*. Es la historia de un hombre llamado Louis Zamporini. Louie se crio en California a principios del siglo veinte. De niño era relativamente travieso y su hermano mayor convenció al director de su colegio para que le diera a Louis la oportunidad de dejar de meterse en problemas incorporándose al equipo de atletismo. Al principio, Louis no era nada bueno para correr, pero bajo el entrenamiento constante de su hermano mayor, pronto se convirtió en el corredor de distancia más rápido en la historia del estado de California. Incluso compitió en los Juegos Olímpicos en Berlín. A su regreso, la guerra estalló a través de Europa y del Pacífico. Louis se unió a la Fuerza Aérea y pronto se halló volando un bombardero B-52 en el Pacífico Sur.

En uno de esos recorridos, el bombardero chocó en el océano y solo tres hombres sobrevivieron: Louis y dos de los otros miembros de la tripulación. Pasaron los próximos cuarenta y siete días a la deriva bajo el caliente sol abrasador del Océano Pacífico Sur, con hambre y sed permanentes, frecuentemente amenazados y atacados por tiburones. Con su balsa salvavidas constantemente perdiendo aire, tenían que hacer continuamente todo lo posible para ponerle parches y mantenerla a flote. Los tiburones eran tan audaces que en múltiples ocasiones se tiraban a la balsa en un intento por atrapar a alguno de los tres hombres.

Desesperado, al borde de la locura y sin esperanzas, uno de los hombres, Francis McNamara, terminó sucumbiendo en la desesperación y murió a bordo de la balsa. Louis y el otro sobreviviente, Russell Allen Phillips, vivieron para llegar finalmente a tierra. En cierto momento, Laura Hillenbrand hizo notar:

> Dado el funesto historial de los hombres que han tratado de sobrevivir confinados a una balsa, la desesperación de Mac era razonable. Lo que es digno de destacarse es que dos de los hombres que compartieron la misma situación crítica que Mac vivió no compartieron su desesperanza. A pesar de que los tres vivieron la misma penuria, sus distintas percepciones respecto a lo que enfrentaban parecían labrar sus destinos.

La esperanza es poderosa, la desesperanza también lo es.

Pero estas dos cosas no tienen poder en y por sí mismas. Lo que quiero decir es que la esperanza no es meramente optimismo o ilusión. Con frecuencia las personas que me expresan su deseo de vivir en esperanza parecen revelar que lo que realmente anhelan es optimismo. Si bien el optimismo puede ser casi siempre algo bueno para la mayoría de la gente, virtualmente no sirve de mucho cuando más lo necesitamos.

Otro exmilitar que conoce el sufrimiento prolongado y la brutalidad es el Almirante Jim Stockdale. El Almirante Stockdale fue capturado durante la Guerra de Vietnam y retenido en un campo de prisioneros de guerra por ocho años horrendos. Como era el prisionero estadounidense de mayor rango que se encontraba en el campo del Frente Nacional de Liberación de Vietnam, con frecuencia lo torturaban más y era sometido a tratos más brutales que los otros soldados con el fin de quebrantarlo. No obstante, a todos los prisioneros de guerra los trataban muy mal y los torturaban. Cuando años más tarde tras regresar a los Estados Unidos, se le preguntó al Almirante Stockdale en qué diferían los hombres que lograron sobrevivir a ese tormento de aquellos que sucumbieron ante ese maltrato que terminó destrozándolos. En su libro *De buena a grandiosa*, Jim Collins le preguntó quiénes habían sido los primeros en ser derrotados por su situación. El Almirante Stockdale respondió:

Ay, eso es fácil, los optimistas. Eran los que decían "En Navidad, ya vamos a haber salido de esto". Y llegaba la Navidad y pasaba. Y luego decían: "Vamos a salir de esto cerca de la Pascua". Y la Pascua llegaba y pasaba. Y llegaba la Festividad de Acción de Gracias, y luego una Navidad más. Y morían con el corazón desgarrado.

Sin embargo, Stockdale y los otros que sobrevivieron tuvieron una actitud distinta. Lucharon por vivir. Su perspectiva era completamente diferente a la que tenían aquellos que simplemente deseaban ser rescatados o eran optimistas respecto a su libertad. Ellos actuaron. Y actuaron con base en una creencia clara y fundamental: la vida tiene significado. Stockdale continuó:

> Nunca perdí fe en el final de la historia, nunca dudé no solo de que iba a salir, sino también de que iba a prevalecer hasta el final y tornar esa experiencia en el evento que definiría mi vida, el cual, en retrospectiva, no cambiaría.

El almirante reconocía que, si bien el momento que estaba viviendo carecía de sentido (tortura constante y confinamiento en soledad), él era parte de una historia más grande. Al percatarse de ello, tenía el poder de ser un "actor" en su propia historia. Si bien no tenía el control de todo lo que le estaba sucediendo, Stockdale podía controlar algunas cosas. Estaba dispuesto a actuar en los momentos y de las maneras en que podía actuar.

Vivir así no significaba enterrar su cabeza en la arena y simplemente *desear* que las cosas cambiaran. Significaba enfrentar la realidad y dirigir sus esfuerzos hacia la realización de ese cambio. De nuevo, en sus propias palabras:

> Nunca debes confundir la fe con que al final prevalecerás —la cual no puedes darte el lujo de perder— con la disciplina de confrontar los hechos más brutales de tu realidad actual, cualesquiera que sean estos.

Aquellos con esperanza están dispuestos a actuar. Aquellos sin esperanza se contentan con desear.

Si deseas ser una persona de esperanza, una persona que tiene la voluntad de hacer de lo bueno una realidad, debes ser una persona de dos atributos: sentido y acción.

Vivimos en una era carente de esperanza. No me malinterpretes —hay mucho optimismo, pero muy poca esperanza. La fuente de esta desesperanza es una carencia profunda de sentido en la vida de la mayoría de las personas. Muchos de nosotros vivimos la vida anhelando lo que ha de venir. Decimos cosas como: "Estamos pasando una situación dura, pero tan pronto me den ese ascenso, todo estará bien". O "Sé que ahora estoy solo, pero tan pronto encuentre a alguien, entonces estaré bien". O "Sé que mi esposo y yo estamos descontentos ahora, pero una vez que tengamos niños, entonces estaremos bien". O las mil y una cosas que esperamos que sucedan y que nos ayudarán a estar bien. No hay nada de malo en esperar algo con ilusión, pero tarde o temprano nos damos cuenta de que simplemente no era la fuente de aquello que buscábamos. Seguimos con el siguiente punto de nuestra lista y no nos sentimos mejor. No le encontramos sentido a los momentos de nuestra vida porque hemos olvidado que toda nuestra vida tiene sentido.

Esta es la razón por la cual ser cristiano —un seguidor real de Jesucristo— genera un cambio radical. Todos nosotros experimentamos el dolor que el mundo nos tiende. Todos experimentamos desalientos e incluso la ruina total (i.e., todos vamos a morir un día). Así como el Almirante Stockdale y Louis Zamporini, todos nosotros enfrentaremos situaciones de las que no se puede escapar y donde el desear no es suficiente. Como cristianos, sabemos que Dios hizo un mundo bueno. Sabemos que la maldad y el sufrimiento y la muerte no son parte del plan que Él tiene para nuestras vidas, pero que Él está con nosotros aun en medio de las peores y más destructivas tormentas. Sabemos que Él puede hacer que cualquier cosa que suceda en contra de sus hijos redunde en algo bueno. Tenemos esta esperanza, esta confianza, de que nuestras vidas tienen sentido.

Y si nuestras vidas tienen sentido, entonces todas nuestras decisiones importan. Mucha gente se paraliza ante las situaciones o los temores que enfrentan. Y la mayoría de nosotros vemos los retos del momento y escogemos desear en lugar de esperar. Sin embargo, ese anhelo es la desesperanza enmascarada. No nos lleva a ningún lado. La esperanza nos lleva a la acción. Hillenbrand describió la diferencia entre los hombres en la balsa:

> La esperanza de Louie y de Phil desplazó su miedo y los inspiró a esforzarse por sobrevivir, y cada éxito renovó su vigor físico y emocional. La resignación de Mac parece haberlo paralizado y, por ende, entre menos participaba en los esfuerzos de la tripulación por sobrevivir, más decaía.

¿Cómo logra una persona incrementar su esperanza? Volviéndose a conectar con la historia de Dios. Recordando que creemos que hay más en la vida que solo esta vida. Al comprometerse con la verdad de que Dios está en todas las cosas y en todos los momentos y que nuestras decisiones importan. Y entonces..., entonces simplemente comenzar a tomar decisiones. Resuélvete. Actúa conforme a esas decisiones. No puedes hacerlo todo, pero puedes hacer algo.

Haz lo que puedas, y verás que la esperanza llega a ser una poderosa fuerza en tu vida.

FOCO: Tenemos esta esperanza, esta certeza de que nuestras vidas tienen sentido. Y, si nuestras vidas tienen sentido, entonces todas nuestras decisiones importan.

REFLEXIÓN: ¿Qué le da sentido a tu vida?

El Padre Schmitz es el capellán del Ministerio del Campo Católico Newman de la Universidad Duluth de Minnesota.

EL TRIUNFO DE LA ESPERANZA

SOR MIRIAM JAMES HEIDLAND

"Todo irá bien, y todo irá bien,
y toda clase de cosas al final irán bien".
— Palabras de Jesús a Juliana de Norwich.

La mayor irritación de todo viajero —un vuelo de conexión al otro lado del aeropuerto cuando el avión en que vienes llegando aterriza con una hora de retraso. Comienza entonces una carrera desenfrenada, y en esa precisa situación me encontré una noche en uno de los aeropuertos más grandes del mundo. Al meterme al tren aeroportuario rumbo a la terminal de conexión, deseaba poder acelerarlo con mi mente, y mientras mi ansiedad aumentaba, le daba vueltas a un plan B, que pudiera emplear en caso de perder el vuelo.

Tan pronto se abrieron las puertas del tren de par en par, salí haciéndome campo entre la multitud hacia la escalera eléctrica, cuando escuché el aviso de la "última llamada" de mi vuelo a todo volumen a través de los altavoces. En ese mismo instante tomé la decisión de darle un nuevo significado al término "monja voladora", y comencé a correr a toda velocidad. Con mi velo volando y el equipaje de mano golpeándome las piernas, llegué precipitadamente al pasillo de la terminal siendo el entretenimiento de todos los que pasaban por allí, con la vana esperanza de llegar a la puerta de abordaje antes de que cerraran el vuelo, confinándome a una incómoda silla de aeropuerto para pasar la noche.

Finalmente, a unos pasos de la pretendida puerta, apenas me salían las palabras, y a tropezones y sin aliento, llegué al mostrador. La desconcertada agente escuchó algo como "¿Aún... (tos, tos) ... edo... mar... este... vuelo?"

Mirando fijamente a la desaliñada monja en frente de ella, respondió: "¡Apenas lo logró! Por favor apúrese y tome su asiento".

Agradecida tomé mi equipaje de mano y me sobé mi adolorida rodilla mientras bajaba rápido la rampa, todo el tiempo ponderando con asombro el hecho de que mi esperanza —mi deseo— se había hecho realidad. Repentinamente también me percaté de que, en gran medida, el entendimiento que como adulto tenía de la esperanza era simplemente eso: un anhelo.

El diccionario define *esperanza* como "el sentimiento de que lo que se desea es alcanzable o que de los eventos que acontecen saldrá algo bueno".[1] También define *deseo* como "querer, desear, anhelar".[2] Aunque técnicamente hablando, estas definiciones son correctas, se quedan cortas con respecto a la esperanza que Dios infunde en nosotros como una virtud teologal. Para personas de fe, el sentido más veraz de la esperanza no es en último término un sentimiento o anhelo de algún bien temporal un tanto vago (o incluso específico), sino un regalo de Dios que nos dispone hacia la verdad, la belleza y el bien eternos —un don que nos dispone hacia una unión eterna con Él.

La diferencia en la forma en que definimos esperanza puede sonarnos como un tecnicismo, pero revela algo profundo. Por un largo tiempo yo pensaba que la esperanza en Dios era lo mismo que esperar obtener una buena nota en un examen —o esperar llegar a tiempo a mi vuelo. Era algo que quería que sucediera, pero algo que también podría dejar de suceder. Esperaba que Dios escuchara mi ruego; esperaba que Él sacara dicha de mi sufrimiento; esperaba que Él sanara un mundo quebrantado por el pecado y la muerte. ¿Pero lo haría?

Todos nosotros tenemos misterios dolorosos en nuestras vidas. Todos tenemos esos rincones en nuestro corazón de los cuales raramente hablamos, y que preferimos dejar en el olvido o esconder en la oscuridad. Todos tenemos miembros de nuestra familia que están batallando con determinadas situaciones. Todos vemos el sufrimiento de la humanidad a lo ancho y largo del mundo, y creo que todos nos preguntamos en ocasiones: "¿Por qué un Dios bueno permite que todo esto ocurra?". Con frecuencia es en estos momentos, en el dolor agudo y en el sufrimiento crónico, que la esperanza puede morir en nuestros corazones.

A través de los años he necesitado rehabilitar muchas palabras en mi corazón y en mi mente. Mi vida se transformó profundamente cuando la misericordia y el perdón fueron restituidos y entendidos de mejor forma. Lo mismo está sucediendo ahora en mi vida mientras Dios rehabilita la palabra "esperanza" y su significado en lo profundo de mi corazón. La esperanza no es meramente un deseo de que algo bueno probablemente sucederá —es la firme confianza y el deseo de que las promesas de Dios se cumplirán. Es la expectativa de que "aquel que en vosotros comenzó una obra tan buena, la llevará a feliz término" (Filipenses 1:6). Si alguna vez has visto un programa de televisión donde una persona compra una casa que necesita reparaciones, probablemente has visto un episodio en donde el daño estructural es tan grande que la cuadrilla de construcción necesita excavar hasta los cimientos y comenzar de nuevo. Tienen que remover el concreto, reforzar las vigas, verter el concreto y nivelar la casa. Es una tarea masiva y costosa, pero muchas veces es la única alternativa para salvar y restaurar una casa que se erigirá firmemente por muchos años en el futuro.

De muchas formas, siento que esto es lo que Dios ha estado haciendo en mi vida por un largo tiempo. Mis cimientos tenían algunas grietas mayores desde el inicio. Mi "casa" tenía un daño estructural al ser concebida fuera del matrimonio y luego dada en adopción, las cicatrices emocionales y espirituales de haber sido abusada sexualmente cuando era niña, la batalla con el alcoholismo, depresión crónica de menor grado y una inmensa pérdida de esperanza. Mi forma de lidiar con este daño era "pintar el exterior", negar la profundidad de mis problemas o simplemente tratar de resolverlos yo misma. Todos estos mecanismos de compensación fallaron, y me llegué a sentir muy sola, muy poco amada y muy desesperanzada.

La paradoja interesante de nuestra humanidad es que a menudo solo cuando llegamos a agotar nuestros propios recursos es que finalmente empezamos a rendirnos ante Dios. En su bondad, Dios empezó a excavar gentilmente las profundidades de mis cimientos, y continúa haciéndolo hasta en este preciso instante. Él remueve las vigas debilitadas de autosuficiencia y el concreto duro de mi vergüenza. Fortalece mi estructura con su verdad y vierte su amor en mi corazón abierto. Me nivela con su belleza y vuelve mi mirada hacia Él en esperanza, como Maestro Constructor, el Amante de mi alma. Es una obra extensa y rigurosa. A veces transcurre rápido y a veces lento, pero entre más me entrego completamente a Él, más construye en mi corazón. Dios desea nuestro bien. El sufrimiento no tiene la última palabra. No es el final de la historia. Dios hace brotar belleza a partir del dolor y resurrección de la cruz. No hemos sido olvidados. Esta no es una ilusión que alberga nuestra mente. Él nos ama.

Dios promete que estará con nosotros siempre, que nunca nos dejará, y que un día, si nosotros lo elegimos, lo veremos como es. En ese día, nos haremos uno con Aquel que nos ama. Esta verdad le da dinamismo a todo lo que anhelamos en la vida, y le da color a nuestra profunda esperanza de vida eterna con Él.

FOCO: La esperanza no es meramente un deseo de que algo bueno vaya a pasar —es la firme convicción y deseo de que Dios cumplirá sus promesas.

REFLEXIÓN: ¿Cuáles son las grietas en tus cimientos, y cómo puede el Maestro Constructor repararlas?

Sor Miriam James es una hermana de la Sociedad de Nuestra Señora de la Santísima Trinidad. Es conferencista internacional en los temas del amor auténtico, sanación y conversión y es autora del libro Amada como soy.

ESPERA LO IMPOSIBLE

PADRE JACQUES PHILIPPE

"¡Uno obtiene de Dios lo que uno espera de Él!".
— San Juan de la Cruz

"Lo que me admira, dice Dios, es la esperanza". El poeta francés Charles Péguy puso estas palabras en los labios de Dios al inicio de su libro *El pórtico del misterio de la segunda virtud*. Es uno de los libros más bellos que se han escrito sobre la esperanza.

La esperanza es, por así decirlo, la virtud más cristiana de todas. La característica principal de nuestras vidas como cristianos debería ser el hecho de que siempre miramos las cosas con esperanza: la vida, el futuro, nosotros mismos, los otros, y así sucesivamente.

No es siempre fácil. Frecuentemente el futuro nos preocupa, la gente nos desilusiona y dudamos de nosotros mismos. Humanamente hablando, hay múltiples razones para perder la esperanza, y a veces parecen abrumadoras. No obstante, a pesar de todo, la esperanza debería mantenerse firme en nuestros corazones y tener la última palabra, a un punto que "esperamos contra toda esperanza", como dice San Pablo refiriéndose a Abrahán (cfr. Romanos 4:18). Porque si perdemos la esperanza, lo perdemos todo.

La esperanza tiene un papel fundamental en la vida espiritual. Encuentra su fundamento en la fe —fe en la fidelidad de Dios a sus promesas, y fe en la victoria de Cristo— y posibilita que la caridad florezca. La fe y la esperanza son como las alas del amor; le dan al amor la posibilidad de llegar aún más lejos, de emprender el vuelo incesantemente, sin llegar a sentirse exhausto o desalentado. Cuando la esperanza mengua, el amor también se extingue; la preocupación y la inquietud invaden el corazón, lo cual ahoga la caridad. La esperanza mantiene el corazón libre para amar y para darse.

La esperanza es importante porque va unida al deseo. El deseo es lo único infinito que posee el hombre, dice Santa Catalina de Siena.[3] Los seres humanos son seres de deseos: sus deseos son la medida de su vitalidad. La vida cristiana no pretende extinguir o rechazar los deseos, sino purificar el deseo y orientarlo hacia lo único bueno que realmente puede satisfacerlo: el Bien Supremo, que es Dios.

Necesitamos preguntarnos: "¿Cuál es mi deseo más profundo? ¿Cuál es esa aspiración que unifica toda mi vida?". Crecer en esperanza implica abrirnos a la obra del Espíritu Santo para que aprendamos paulatinamente a desear lo que Dios desea para nosotros, a esperar lo que Dios espera con relación a nosotros, lo cual es siempre más grande que lo que podemos imaginar. La virtud teologal de la esperanza orienta nuestro deseo hacia Dios, lo nutre, lo agita cuando es necesario y lo protege contra la tentación del desaliento.

La esperanza posibilita algo que es, humanamente hablando, imposible. Nos hace confiadamente esperarlo todo de Dios, y obtener de Él la gracia y la ayuda necesarias para responder a nuestra vocación.

Santa Teresa de Lisieux entró al Carmelo a la edad de quince años, con un deseo ardiente de santidad. Ella quería llegar a ser una gran santa, amar a Jesús tanto como Él puede ser amado y servir a la Iglesia. Pero sus grandes deseos contrastaban con la dura prueba de la realidad. Sus propias limitaciones y defectos le eran familiares; como ella misma lo dice: "He notado siempre que cuando me comparo con los santos, hay entre ellos y yo la misma diferencia que existe entre una montaña cuya cima se pierde en las nubes y el oscuro grano de arena que pisotean los que pasan caminando".[4]

Frente a esta dolorosa realidad, Teresa encontró gran aliento en una frase. Eran palabras de San Juan de la Cruz: "¡Uno obtiene de Dios todo lo que uno espera de Él!"[5] Dios no nos otorga su gracia de acuerdo a nuestras cualidades, virtudes, éxitos, sino de acuerdo a nuestra esperanza. ¡He aquí una verdad liberadora que abre nuevas puertas! Dios se deja ser conquistado por nuestra esperanza, una esperanza que se transforma en amor. ¡Él no puede negarle su gracia a alguien que lo espera todo de Él con la confianza de un niño! Santa Teresa tomó consciencia de que no debería esperar la santidad que tanto anhelaba sobre la base de sus propias posibilidades humanas, sino únicamente mediante la gracia de Dios, y se dio cuenta que esta gracia le sería otorgada en la medida en que ella reconociera su pequeñez e impotencia y ambas fueran transformadas en una esperanza ilimitada en la misericordia de Dios.

> El deseo (por santidad) ciertamente podría parecer una osadía si uno fuera a considerar cuán débil e imperfecta yo era, y cómo después de siete años en la vida religiosa, todavía soy débil e imperfecta. Sin embargo, siempre siento la misma atrevida confianza de llegar a ser una gran santa porque no cuento con mis méritos dado que no tengo ninguno, sino que confío en Él que es Virtud y Santidad. Solo Dios, contento con mis escasos esfuerzos, me elevará hacia Él y me hará una santa, arropándome en sus infinitos méritos.[6]

LA ESPERANZA Y LA POBREZA DEL CORAZÓN

Una de las dinámicas esenciales de la vida espiritual es la purificación de la esperanza. La esperanza debe ser purificada en relación con su objeto (nuestros deseos tienen que estar orientados hacia Dios, como fue explicado anteriormente), pero también en relación con su fundamento. ¿En qué descansa nuestra esperanza? Esta purificación a veces necesita pasar a través de la prueba de la pobreza.

Al inicio de nuestro peregrinaje, por supuesto tenemos cierta esperanza en Dios, pero usualmente está entremezclada con muchas otras cosas: ambiciones y expectativas humanas, un cierto grado de presunción en relación con nuestra propia capacidad, una búsqueda de una fuente de seguridad humana de la cual depender y un cierto tipo de regateo inconsciente —tratamos de justificar que somos dignos de las bendiciones de Dios por nuestras obras. Entonces Dios nos hace pasar por la que resulta a veces una dolorosa prueba de pobreza interior. Experimentamos cuán frágil y cambiante es nuestra realidad humana, nos enfrentamos con nuestras propias limitaciones y nos sentimos desilusionados con algunas de nuestras metas. Si accedemos a atravesar este sendero de empobrecimiento y despojo, penetramos poco a poco en la verdadera esperanza: la esperanza que no se apoya más en nada humano, sino solo en Dios y en su infinita misericordia. En ocasiones necesitamos perder toda la confianza en nosotros y en otras personas, para poder poner nuestra esperanza realmente en Dios. Como dice el Libro de las Lamentaciones, "Es bueno esperar en silencio la salvación del Señor. Es bueno para el hombre llevar el yugo desde su juventud; que se siente aparte y en silencio cuando la desgracia venga sobre él; que se humille hasta besar el suelo, pues quizás haya esperanza" (Lamentaciones 3:26–29).

El fruto de esta prueba de pobreza es la purificación de nuestra esperanza. Lo esperamos todo de Dios, no por ningún mérito propio, o por alguna garantía humana a la cual nos aferremos, sino únicamente porque Dios es Dios, porque Él no puede negarse a sí mismo, Él es fiel, y su misericordia no tiene límites.

Esta es la osadía que en ocasiones estamos llamados a hacer mediante el Espíritu Santo: entre más experimentemos nuestra pobreza y limitaciones, más pondremos nuestra esperanza solamente en Dios. Las Santas Escrituras nos dicen una y otra vez que quien espera en Dios no será defraudado: "Puse toda mi esperanza en el Señor; y Él se inclinó a mí y escuchó mi clamor" (Salmo 40:1).

Ahora más que nunca, es bueno que nos demos cuenta con mayor claridad de que la verdadera esperanza es la esperanza que se fundamenta exclusivamente en la infinita misericordia de Dios. Es la práctica perseverante, humilde y amorosa de esa esperanza por medio de la cual podemos obtener de Dios todo aquello que necesitamos para seguir plenamente nuestra vocación cristiana.

FOCO: La esperanza hace posible algo que, humanamente hablando, es imposible. Nos hace confiadamente esperarlo todo de Dios.

REFLEXIÓN: ¿Qué es algo imposible que puedes esperar de Dios?

El Padre Jacques Philippe, nacido en 1947, es un sacerdote francés perteneciente a la Comunidad de las Bienaventuranzas. Con más de un millón de ejemplares publicados en veinticuatro idiomas, los escritos del Padre Philippe sobre temas como la oración, la libertad interior y la paz del corazón se han convertido en clásicos de la espiritualidad católica moderna.

LA ESPERANZA DE UN PADRE

TOM PAGANO

"Cada uno de nosotros es el fruto de un pensamiento de Dios. Cada uno de nosotros es querido. Cada uno de nosotros es amado. Cada uno de nosotros es necesario".
— Papa emérito Benedicto XVI

Hace dos meses, mi bella esposa, Megan, dio a luz a nuestra perfecta niñita, Zelie Anne. Al nacer pesó seis libras y once onzas, y midió 22 pulgadas; toda ella era preciosa. En el momento en que tuve a Zelie en mis brazos, mi vida cambió para siempre. Definitivamente Zelie ha hecho que nuestras rutinas diarias se vayan al traste. Mi esposa y yo dormimos menos que antes y no salimos de la ciudad con tanta frecuencia. Cocinar implica un reto, y la ropa para lavar se acumula rápidamente. He tenido que sacrificar un tanto mi juego de golf, y tengo menos tiempo para leer y ver deportes de lo que preferiría. Ciertamente la vida se ha alterado de esta manera, pero en su mayor parte, era de esperarlo. Sin embargo, un cambio, mayor y más profundo, se ha dado, uno que me tomó desprevenido. Cuando me convertí en padre, fue como que hubieran corrido una cortina y mis ojos se abrieran a una realidad completamente nueva. En esta realidad he encontrado la razón de mi esperanza.

Permíteme explicarlo.

Puesto en palabras simples, no hay amor como el de un padre por su hijo. Si has tenido el privilegio de convertirte en padre, sabes a qué me refiero. Esta criatura, inocente, pura, bella y adorable es mía. Zelie confía plenamente en su mamá y en mí. Depende de nosotros para cada una de sus necesidades. Cuando tiene hambre, la alimentamos. Cuando está cansada, la mecemos hasta que se duerme. Cuando tiene frío, la envolvemos en una cobijita. Y qué felicidad hacer esto por ella (¡aun a las tres de la mañana!). Zelie es completamente vulnerable, y no hay nada que yo no padecería para protegerla.

Recientemente Zelie y yo hemos descubierto una nueva actividad que nos encanta compartir. Cuando vamos a casa de los abuelos, nos escabullimos de la multitud y de toda atención (Zelie sin duda recibe mucha atención en la casa de la abuela) para sentarnos en la mecedora del porche. Este es un tiempo tan sagrado para Zelie y para mí. Escuchamos los trinos de las aves, vemos a los animales correr de aquí para allá, saludamos a los vecinos que pasan caminando, sentimos la cálida brisa y, por supuesto, nos mecemos. A veces nos sentamos en silencio, a veces cantamos y a veces oramos. Paso el tiempo en el porche mirando los bellos ojos de Zelie, simplemente pensando.

Pienso en el futuro. Pienso en la personalidad y en el temperamento que desarrollará. Me pregunto cuáles deportes le gustará jugar, qué instrumentos aprenderá, a qué universidad irá, con quién se casará. Sueño con la primera vez en que vea la belleza de un atardecer en una noche cálida de verano, o sienta la paz de mirar fijamente el océano mientras las olas rompen en la orilla o la primera vez que experimente el triunfo de subir una montaña, contemplando por millas y millas el paisaje.

También pienso sobre la condición del mundo en que ha nacido. ¿Qué tipo de avances tecnológicos y médicos verá durante su vida? ¿Quiénes serán los políticos a cargo de nuestra nación? En un tiempo de un terrorismo sin precedentes, incontables tiroteos en masa y tensiones raciales cada vez mayores, ¿qué tipo de mundo experimentará Zelie? Más que nada, le deseo éxito, salud, felicidad y prosperidad. Sin embargo, la realidad es que es posible que ella enfrente situaciones duras, fracasos, enfermedad y pobreza.

Esto finalmente me lleva a pensar en mí como el padre de Zelie. En estos momentos, me confronto con la preocupante realidad de que nunca tendré la capacidad de proteger a mi bella bebé de un mundo lleno de dolor, violencia y sufrimiento. No solo no podré protegerla, sino que mi amor, a pesar de mis más grandes esfuerzos, se quedará corto para lo que ella merece.

Por un tiempo estuve lidiando con esta mezcla de esperanza y miedo por mi hija. Fue en este contexto en el que tuve un profundo encuentro con la razón de mi esperanza.

Sucedió el día en que Megan y yo bautizamos a Zelie. Créeme cuando te digo que, para mi sorpresa, este día fue más impactante y profundo que el día en que Zelie nació. Pero eso no nos debería sorprender tanto. Ese día me hicieron recordar que Zelie no es simplemente la hija de Tom Pagano. Ella es también la hija de otro Padre, de Dios Padre.

¿Y qué clase de Padre es nuestro Dios?

Nuestro Padre es Rey (Zacarías 9:9), Creador (Génesis 1:1),

Salvador (Salmo 3:8), el Alfa y la Omega (Apocalipsis 1:8). Nuestro Padre es compasivo (Éxodo 34:6), generoso (Salmo 132:15), poderoso (Sofonías 3:17), sabio y fuerte (1 Corintios 1:25), y su reinado no tendrá fin (Lucas 1:33). Nuestro Padre es un dador (1 Timoteo 6:17), el que me auxilia (Hebreos 13:6), mi sanador (Salmo 30:3), el que obra prodigios (Salmo 77:15). Y lo mejor es, este Padre nos ama de una forma que va más allá de lo que nosotros podemos comprender. Él no permitirá que nada, nada en absoluto, nos separe de su amor (Romanos 8:37-39).

Esta verdad me inundó el día del bautismo de Zelie. Zelie es la hija del Rey y una heredera del Reino de Dios, un reino que se extiende más allá de este mundo. No importa lo que Zelie experimente en la vida, ella será siempre la hija de un Rey cuyo amor por ella perdura por siempre (Salmo 126). Si Dios está con ella, ¿quién estará contra ella? (Romanos 8:31). Ninguna enfermedad ni ningún mal, ninguna dificultad o prueba, ningún fracaso o desilusión pueden separarla del amor de Dios Padre.

Y estas buenas nuevas no son solo para Zelie. Todos somos hijos de un Dios amoroso que quiere protegernos y proveer según cada una de nuestras necesidades. En última instancia, por mucho que ame a Zelie, mi amor es solo una gota comparado al amor del Padre por nosotros. Nos ama mucho más de lo que nosotros podemos imaginarnos. Y esta es la razón de mi esperanza.

Esta esperanza inspira mi visión por el futuro: una visión que no está determinada por el caos del mundo, sino por el amor de mi Padre. En esta visión, amo a Zelie de la mejor manera en que soy capaz cada día de mi vida. Mi amor imperfecto refleja el amor perfecto de Dios Padre, y Zelie permite que ese amor consuma por completo su corazón. Ella vive cada día en una paz sin medida, en una dicha y consolación que solo el amor de nuestro Padre celestial puede proporcionar. Y finalmente un día, Zelie y yo entraremos por las puertas celestiales para morar juntos en el amor de nuestro verdadero Padre, por toda la eternidad.

FOCO: Todos somos hijos de un Dios amoroso que quiere protegernos y proveer según cada una de nuestras necesidades.

REFLEXIÓN: ¿Qué sueño te inspira esperanza en tu futuro?

Tom Pagano es el esposo de Megan y el padre de Zelie Anne, a quienes ama con adoración. La familia Pagano reside en el norte de Nueva Jersey, donde ellos gozan de las bendiciones más abundantes de Dios a través de su familia, amigos y de la Iglesia.

EL CAMINO DE LA ESPERANZA

PADRE J. MICHAEL SPAROUGH, SJ

"No pierdas toda esperanza. El mañana es inimaginable. A menudo, cuando no queda más que desolación, nace la esperanza".
— *J.R.R. Tolkien*

Espero que los Cubs de Chicago vuelvan a ganar la Serie Mundial este año. Espero que la guerra de Siria llegue pronto a su término. Espero que una Iglesia católica más dinámica llegue a más gente. Espero amar a Jesús y vivir con Él por siempre. Espero tener helados de chocolate y nueces de postre.

Algunas esperanzas son más importantes que otras, algunos sueños más grandes que otros. Las esperanzas próximas están directamente conectadas a los deseos y sueños cotidianos. La esperanza suprema es una virtud teologal que está directamente conectada al significado de nuestra vida. Ambas constituyen una parte integral de una existencia dinámica. Nuestro espíritu muere dentro de nosotros si dejamos de soñar y de esperar. Pero debemos a aprender a llevar con cierta ligereza las esperanzas próximas, mientras nos aferramos con gran determinación a la esperanza suprema. Muchas de las esperanzas próximas quedan a lo largo del camino de la vida; y aunque sea agonizantemente doloroso, puede ser también una oportunidad extraordinaria de crecimiento.

Fui al colegio con el actor Bill Murray, estrella de Los *Cazafantasmas*, *Atrapado en el tiempo* y otras películas que gozan de popularidad. En segundo año de secundaria el sueño de Bill era convertirse en un jugador estrella de baloncesto. Hizo las pruebas para el equipo, pero no fue seleccionado. Estaba deshecho. Sin tener nada mejor que hacer, decidió hacer las pruebas para una obra de teatro de la escuela y, aunque le dieron un papel poco relevante, obtuvo la admiración y las risas de la audiencia. ¡Había nacido una estrella!

A veces las cosas toman cursos inesperados e impactan positivamente nuestra vida, pero no siempre sucede así. Unos amigos míos adoptaron una niña huérfana de Etiopía en medio de la hambruna y guerra civil del país. La amaban, la enviaron a escuelas católicas y le dieron todas las oportunidades que pudieron darle. Pero su hija estaba tan traumatizada por la pérdida de sus padres biológicos que desarrolló un trastorno afectivo, lo que hace prácticamente imposible que ella confíe en alguien. Las esperanzas de que ella tuviera una vida feliz no se vieron realizadas.

En situaciones como estas, necesitamos profundizar para vivir enfocados en la esperanza suprema. Este es un acto de fe activa, tener la certeza de que Dios hace que todo contribuya al bien de los que le aman (cfr. Romanos 8:28). Confiamos en que aun el sufrimiento profundo nos hace adentrarnos en el amor de Dios. La esperanza suprema es aceptar lo que está más allá de nuestro control y creer que Dios usará las circunstancias de nuestra vida para ayudarnos a crecer en santidad. Cuando las palabras "Jesús, confío en ti" llegan a ser más que una oración sino una forma de vida, estamos en camino de acoger la virtud teologal de la esperanza suprema.

Seguirán sucediéndole cosas malas a la gente buena. Pero la esperanza suprema se aferra a la creencia de que Dios está activamente trabajando en y a través de las circunstancias de nuestras vidas para que conozcamos esa paz de Dios que sobrepasa todo entendimiento (cfr. Filipenses 4:7). En última instancia realmente no importa si somos ricos o pobres, si gozamos de salud o estamos enfermos, si somos o no bien parecidos, inteligentes o no tan inteligentes. Lo que importa es que descubramos qué nos transforma en personas de esperanza. El sueño que Dios tiene para cada uno de nosotros es vivir en esa gran esperanza a la que hemos sido llamados (cfr. Efesios 1:18).

Los santos son aquellos que andan por este camino de esperanza. Elijen creer, en todas las circunstancias de sus vidas, que Dios los ama y los conduce a una vida más plena (cfr. Juan 10:10). Esta esperanza es una elección, no un sentimiento. Esta esperanza es que el amor divino de Dios nos lleva a través de las vueltas y giros de la vida a una dicha que va más allá de lo que alguna vez hayamos imaginado (cfr. 1 Corintios 2:9).

Vi a mi mejor amigo, el Padre Jim Willig, un sacerdote diocesano de Cincinnati, orar por dos años para que el Señor lo curara de cáncer. Pero el Señor no contestó su oración de la forma que el Padre Jim habría esperado. Dos años después de su diagnóstico, el Padre Jim falleció —a pesar de las múltiples cirugías y los tratamientos médicos más avanzados que estaban disponibles en ese momento.

Presencié al Cardenal Joseph Bernardin de Chicago enfrentarse a dos de los temores más grandes de su vida:

convertirse en una fuente de escándalo para la Iglesia que amó y morir de cáncer como lo hizo su padre antes que él.

Ambos temores se materializaron cuando el Cardenal Bernardin fue desacreditado internacionalmente por una falsa acusación de abuso sexual que creo yo desencadenó el cáncer que eventualmente se llevó su vida.

Estos dos hombres de Dios esperaron y rogaron por la protección y la salud que no les fueron otorgadas. A simple vista sus esperanzas fueron truncadas. El Cardenal Bernardin fue desacreditado y ambos murieron de cáncer. No obstante, si profundizamos, emerge un panorama distinto.

El cáncer de Jim lo transformó. En su libro *Lecciones de la escuela del sufrimiento*, escribió: "Lo que me ha ayudado más y he aprendido en la amargura de mi sufrimiento es unirme a Jesús en la cruz, quien se une a mí en mi cruz".[7] Lejos de abandonar al Padre Jim en ese tiempo de prueba, el Señor lo transformó en el hombre que siempre había querido ser. Él llegó a ser, para muchos de nosotros que lo conocimos, un santo en vida que inspiraba una confianza profunda en el amor de Dios.

El Cardenal Bernardin fue eventualmente exonerado de la falsa acusación. Tomó entonces un paso profundo al reunirse y reconciliarse completamente con la persona que lo acusó. Más aún, se hicieron amigos, dando un ejemplo de esperanza para el mundo. El cáncer se llevó la vida del Cardenal Bernardin tres años después de su acusación inicial. Aun así, como el Padre Jim, el Cardenal Bernardin fue transformado, no derrotado por esa travesía. En su libro *El don de la paz*, escribió: "El bien y el mal están siempre presentes en nuestra condición humana y… si nos 'abandonamos', si nos ponemos por completo en las manos de nuestro Señor, el bien prevalecerá".[8]

El Padre Jim y el Cardenal Bernardin aprendieron a confiar en que "los sufrimientos producen fortaleza, y la fortaleza produce carácter, y el carácter produce esperanza, una esperanza que no defrauda porque al darnos al Espíritu Santo, Dios ha derramado su amor en nuestros corazones" (Romanos 5:3-5).

Pidamos que nosotros también seamos capaces de centrar nuestra esperanza en el poder de Dios que nos transforma. Somos la "obra maestra de Dios" (cfr. Efesios 2:10). Somos santos en proceso. Cualquier otra cosa le quedará corta a la esperanza que Dios tiene para nosotros.

UN ACTO DE ESPERANZA

Cuando la fe vacila, la virtud falla y las obras de amor escasean.

En ese momento, te pido Señor que podamos tornar a Ti en esperanza.

¿Por qué entonces nos sentimos descorazonados cuando aquellos en los que hemos confiado se revelan solamente como humanos e inevitablemente nos desilusionan?

Que no pongamos nuestras esperanzas en nuestra fuerza, en nuestra sabiduría, en nuestra bondad ni en nuestra razón.

Tampoco en nuestra economía, tecnología, ni en los últimos y más grandes avances de nuestra época.

Dirige nuestra mirada hacia Ti, Bien Amado. Oh Hermosura, siempre antigua, y siempre nueva.

Ser cuna de la esperanza, no por nuestro propio mérito sino por Ti, en Ti y a través de Ti.

Jesús, confío en tus palabras de esperanza, que penetran más profundamente que un puñal: "He venido por amor solo por esto —¡para que puedas tener Vida Nueva!"

FOCO: Lo que realmente importa es que descubramos el amor que nos transforma en personas de esperanza.

REFLEXIÓN: ¿En qué situación Dios nos está llamando a ser una persona de esperanza?

El Padre J. Michael Sparough, SJ, es un maestro de retiros, narrador y escritor en la Casa Jesuita de Retiros Bellarmine en las afueras de Chicago. Su blog de videos semanales puede escucharse en www.heartoheart.org.

PARTE DOS

ESPERANZA EN LA IGLESIA

"Tal es el destino de los que se olvidan de Dios;
así se desvanecerá la esperanza del impío".

—JOB 8:13

ESTA PEQUEÑA LUZ

JESSICA LUSHER GRAVAGNA

"Si mantenemos nuestra mirada fija en Dios, entonces nuestros corazones se llenan de esperanza, nuestras mentes se aclaran a la luz de la verdad, y llegamos a conocer la plenitud del Evangelio con todas sus promesas y vida".
— San Juan Pablo II

Fay y su esposo se sentaron a hablar con sus tres hijos. Fay respiró profundamente. Este iba a ser el peor momento de su vida.

A los treinta y nueve años de edad, Fay había sido diagnosticada con cáncer de pulmón en etapa cuatro. Ella no fumaba ni tenía historial familiar de cáncer. Era ilógico e injusto, pero Fay tenía un quince por ciento de posibilidad de vivir por un año y un cinco por ciento de vivir dos. Ella miró a su hija de trece años y trató de imaginar lo que sería verla graduarse de secundaria. Se vio junto con su esposo, vitoreando a su hijo de once años en futbol. Y se preguntaba cómo sería para el de cinco años recibir la primera comunión.

Fay tuvo que hacer algo que ningún padre tiene que hacer.

Tenía que ver a los ojos de sus hijos y decirles que ella no iba a estar con ellos durante su crecimiento.

Fay no tenía control sobre cuándo moriría, pero podía decidir cuál era el legado que iba a dejar. Y en medio de tan increíble sufrimiento, Fay eligió dejar un legado de esperanza.

Para encontrar la fortaleza de vivir y sufrir bien, Fay se sumergió en la vida de la Iglesia. Muchas personas en su pequeña comunidad observaban con asombro a medida que participaba en la adoración del Santísimo, en la misa y la manera en que vivía la vida que Dios le daba con paz y armonía, centrada en el poder del amor y de la oración, a pesar de sus circunstancias. De alguna forma, en su debilidad, Fay fortaleció a los que la rodeaban. Inclusive pasó gran cantidad de su tiempo como voluntaria en los centros de cuidado paliativo, confortando a los que estaban agonizando.

Cuando le preguntaban cómo podía vivir con tal gozo considerando las circunstancias, Fay aludía a la Iglesia. Aludía al lugar donde encontraba a Jesús quien la amaba tanto como para sufrir, morir y resucitar por ella. Fay recalcaba que la razón de su esperanza era Jesús.

Milagrosamente, Fay vivió por cinco años más después de que fue diagnosticada. Presenció la graduación de su hija mayor, vitoreó a su hijo en futbol y vio al menor hacer su primera comunión.

Cuando falleció nos dimos cuenta de que Fay había planeado su propio funeral. Al estilo clásico de Fay, podríamos decir que el funeral fue más bien una celebración. Todos salimos de la misa del funeral cantando "Mi pequeña luz" y dando palmadas en gozosa celebración. ¿Puedes imaginarte? No hubo corazón sin conmoverse en esa iglesia.

El impacto que ha tenido Fay en mi vida va más allá de mi habilidad para describirlo. Su bello testimonio de esperanza me retó a ser más que una católica a medias tintas y me inspiró a aprender más sobre mi fe. Fay nunca dejará de inspirarme y de guiarme a profundizar en la fe y en mi comunión con la Iglesia.

Pero les he contado suficiente acerca de mí. Estas son las palabras de Fay tomadas de su panegírico de despedida. Ruego para que al leerlas te preguntes: "Si Fay podía vivir con tal esperanza, ¿qué me está deteniendo para vivir así?"

———————

Saludos por última vez a todos mis queridos familiares y amigos. ¡Deben haber sabido quién tendría la última palabra! Quiero agradecer a todos por haber venido aquí hoy a celebrar mi vida y a apoyar a mi familia y a apoyarse entre ustedes en estos difíciles momentos. Me enternece pensar en que estén reunidos en mi lugar favorito —la Iglesia católica. Ruego que aprecien y vean realmente la belleza de la iglesia, los vitrales, el gran crucifijo, las imágenes, las flores y las velas. Espero que realmente puedan escuchar la gloriosa música y la Palabra de Dios pronunciada en la liturgia. Que puedan ustedes percibir el distintivo aroma de la santidad presente en todas las iglesias, y sientan la renovación que proviene del agua bendita que constantemente fluye en la fuente. Que puedan degustar la promesa que Él nos hace en el pan y el vino, su cuerpo y su sangre. He pasado muchas horas en esta iglesia, en misa, en adoración, o simplemente sentada en la presencia de nuestro Señor vaciando mi corazón y dejándolo llenarse de nuevo. Ha sido precisamente esto lo que me ha sostenido y me ha guiado durante este viaje tan difícil y doloroso. La paz espiritual, la fortaleza, y aun el gozo que se me concedió durante mi enfermedad serían imposibles de explicar si no fuera por la fe. Ahora sé que es la única recompensa que vale la pena buscar. Sé que habrá momentos de dolor, soledad y duelo para los que dejo. Son estos componentes necesarios del verdadero amor. Como prueba de ello, todo lo que tienes que hacer es alzar la vista y mirar la cruz. Pero, más allá del dolor está la fortaleza, más allá de la soledad está el aprecio por la vida y por los demás, más allá del duelo está la sabiduría y la esperanza — esperanza de que un día todos estaremos de nuevo unidos a Dios y entre sí en la gloria eterna.

John, Olivia, Luke, Sam, mami, papi, Troy y Ben. Cuando reflexiono sobre mi vida, doy tantas gracias por la maravillosa familia con la que fui bendecida. Ustedes son increíbles y espero y ruego que puedan caminar hacia adelante con gozo en sus corazones, apreciando el tiempo que pasamos juntos y las maravillosas memorias que creamos juntos. El tiempo que compartirnos quizás no fue tan largo, ¡pero sí el mejor!

John, amor de mi vida, mi roca, mi mejor amigo, y mi codirector en la casa. Dios no los hace mejor que tú. No te preocupes. Continuaré orando por ti a diario. Olivia, Luke y Sam. Ustedes son mi orgullo, mi dicha y mi inspiración. Al salir de la casa cada día, quizás escuchen la voz de mamá diciéndoles: "¡Tomen buenas decisiones!"

A mis queridos amigos. Ustedes han sido tan importantes en mi vida. Que puedan reír frecuentemente al pensar en el tiempo que pasamos juntos (sé que lo harán). Espero que el espíritu del "equipo Fay" viva en sus corazones para siempre.

En lo que respecta a mí, tengo la mejor de las suertes. Tuve una vida llena con una familia y amigos increíbles, una carrera que amé, el mejor esposo e hijos que alguien puede tener, diversión, seguridad y, sobre todo, fe. ¿Qué más podría pedir una chica? Ahora estoy planeando descansar en la gloria y paz eterna con Dios Padre, Hijo y Espíritu Santo.

Hasta que nos volvamos a ver...
Fay

— *Panegírico de Fay, "Mensaje final de Fay"*

FOCO: En la Iglesia, nos encontramos con un Dios que nos ama lo suficiente como para sufrir, morir y resucitar por nosotros. Podemos recalcar la razón de nuestra esperanza: Jesús.

REFLEXIÓN: Si fueras a escribir tu panegírico de despedida, ¿qué dirías?

Jessica Lusher Gravagna es la prima de Fay.

VIVE DE MANERA DISTINTA

CARDENAL DONALD WUERL

"Aquel que tiene esperanza, vive de forma distinta".
— Papa emérito Benedicto XVI

Cristo es nuestra esperanza. Dos papas sucesivos que visitaron nuestro país y particularmente su capital, Washington, D.C., han claramente proclamado este mensaje. Sobre el pórtico de la Basílica del Santuario Nacional de la Inmaculada Concepción donde el papa Francisco canonizó a San Junípero Serra el 23 de septiembre de 2015, están grabadas las siguientes palabras: "La fe es la sustancia de aquello que esperamos", o como la Nueva Biblia Americana lo dice: "La fe es la realización de lo que esperamos". El papa Francisco nos recuerda que es precisamente como gente de esperanza que continuamos avanzando. Su predecesor, el papa Benedicto XVI, en su homilía en la misa atendida por miles de personas en el Estadio Nationals Park el 17 de abril de 2008, nos dijo que aquellos que tienen esperanza, viven de manera distinta.

¿Cuáles son algunos de las señales de la vivencia de la fe que dan lugar a esa esperanza, tan serena y constante? Cuando miro a la Iglesia a la que tengo el privilegio de servir, veo innumerables manifestaciones de la sustancia o de la realización de nuestra esperanza.

Cuando presto atención desde el altar o desde el púlpito en la catedral o en muchas, muchas de nuestras iglesias parroquiales, lo que veo es el rostro del mundo. Nuestra comunidad de fe está integrada por personas de numerosas raíces lingüísticas y étnicas, produciendo un mosaico cultural e histórico unido en una sola fe. Sin duda esa comunión da testimonio de las palabras de Jesús cuando oró que todos fuéramos uno. Sí, aún hay mucho por hacer, pero el ver a tantos fieles unidos escuchando la Palabra de Dios y celebrando la Eucaristía con el compromiso de ir y vivir esa fe tiene que ser una fuente profunda de esperanza.

No obstante, la fuente de la esperanza fluye de muchos, muchos torrentes. Durante la historia de la Arquidiócesis de Washington, los laicos, religiosos y sacerdotes católicos han apoyado generosamente las obras de educación, servicio social y de atención médica. Todas estas acciones son manifestaciones de nuestra identidad católica, la cual perdura hoy aun en una época de retos. Como católicos reconocemos que no avanzamos por la vida solos, sino como miembros de la familia de Dios, su Iglesia. En el primer Pentecostés, el Espíritu descendió sobre todos, pero les otorgó dones distintos a personas distintas. Ser católico es reconocer el rol de la Iglesia como el medio creado y dado por Jesús a nosotros, de tal forma que esa obra, consumada en su muerte y resurrección, pueda representarse en nuestro día y ser aplicada a nosotros y a aquellos que buscamos llevar a Cristo.

Cuando visitamos las instituciones de la Iglesia —sus parroquias, escuelas, universidades, organizaciones de caridad, de atención médica y demás— estas reflejan una comunión visible y todas son, al mismo tiempo, manantiales de testimonio que son fuentes de nuestra esperanza.

La identidad católica de nuestras escuelas es parte de nuestra esperanza por el futuro. La educación católica en todas sus formas tiene, como primera tarea, la comunicación de la persona y el mensaje de Cristo a adultos, jóvenes y niños. Esto se lleva a cabo a través de una amplia gama de esfuerzos, pero la meta es siempre la misma. En nuestras escuelas católicas, de primaria y secundaria, programas de educación religiosa, de formación en la fe para adultos, el rito de iniciación cristiana para adultos, los programas de formación sacramental y las muchas formas de ministerios juveniles, pastorales universitarias y de evangelización, los hilos del encuentro con Cristo y su mensaje dador de vida están entretejidos en la tela de nuestra experiencia humana. Todos aquellos comprometidos en este noble y generoso esfuerzo, que es fuente de vida, son razones de esperanza en la Iglesia Católica mientras avanzamos hacia el futuro.

Pero así también, son todos nuestros programas católicos de servicio social que han llevado la esperanza de Cristo a aquellos necesitados en nuestras comunidades. El papa Francisco nos dice: "Nuestra fe en Cristo, quien se hizo pobre, y estuvo siempre cerca del pobre y del marginado, es la base de nuestro interés por el desarrollo integral de los miembros más abandonados de nuestra sociedad". Los numerosos programas y esfuerzos de *Caridades Católicas*, por ejemplo, son fuentes de esperanza. Guiada por la enseñanza social y moral y motivada por el mensaje que Cristo nos da en el Evangelio, Caridades Católicas, como la hemos visto desenvolverse en esta arquidiócesis, ha extendido una mano al pobre y al vulnerable de una forma que realmente refleja el rostro de misericordia, de amor, de compasión y cuidado de Dios. Y ese mismo esfuerzo lo vemos en los centros para niños, adolescentes y familias, en los asequibles desarrollos de vivienda que, con el involucramiento de la Iglesia, proporcionan refugio y servicios sociales a tantas personas mayores y a familias de bajo a moderado ingreso.

Encontramos otra bella, inspiradora y alentadora fuente de esperanza, en el compromiso de tantos jóvenes hoy día con la misión y el mensaje de la Iglesia. Nuestro ministerio de necesidades especiales vincula muchos adultos jóvenes que apoyan el desarrollo espiritual de nuestros fieles con necesidades especiales y a sus familias. Viene también a mi mente el alto involucramiento de los jóvenes en el *rally* por la vida que hacemos anualmente, así como en su participación en los servicios sociales católicos que han tocado la vida de tantas personas, dándoles una razón de esperanza. Aquí también me gustaría mencionar el cuidado y la curación que imparten, de forma compasiva, nuestras entidades de salud a tantas personas que no solo buscan sanación sino esperanza. "La credibilidad de un sistema de servicios de salud no se mide exclusivamente por su eficiencia, sino sobre todo por la atención y el amor que dan a la persona cuya vida es siempre sagrada e inviolable", nos recuerda el papa Francisco a todos nosotros.

Podría continuar dando ejemplos en donde encuentro esperanza para la Iglesia. Cito estos pocos simplemente para confirmar lo que les digo con gran regularidad a los fieles laicos, a los religiosos y a los sacerdotes de la arquidiócesis. Sí, la Iglesia enfrenta retos, y efectivamente en ocasiones parecemos estar abrumados por el secularismo de nuestra época, pero debemos mirar a nuestro alrededor y ver la fe, el fuerte amor de los fieles en nuestras parroquias, la bendita esperanza que ofrecen a esta y a la próxima generación y la expresión de la misma fe, esperanza y amor en todas las instituciones, actividades, programas y ministerios de esta Iglesia.

Puede ser que este sea un tiempo de retos, pero es verdaderamente un tiempo de esperanza, de una bella esperanza.

FOCO: El manantial de la esperanza fluye a través de muchos torrentes que engendran vida.

REFLEXIÓN: ¿Cómo puedes poner, de un modo eficaz, tus dones y talentos al servicio de la Iglesia?

El Cardenal Donald Wuerl es el arzobispo de Washington y el autor de muchos libros de éxitos de ventas, entre ellos The Catholic Way *(El camino católico).*

SI TODO DEPENDE DE MÍ

PAT McKEOWN

"Nuestra compasión humana nos une el uno al otro —no en compasión o condescendencia, sino como seres humanos que han aprendido a tornar nuestro sufrimiento común en esperanza para el futuro".
— Nelson Mandela

La vida puede cambiar muy rápido. Hace nueve meses yo era un padre, feliz y saludable, de dos. Mientras escribo estas palabras, soy un feliz padre de tres con un cincuenta por ciento de probabilidad de estar vivo en cinco años.

Hace nueve meses mi esposa quedó embarazada con nuestro tercer hijo. A las veintiséis semanas de embarazo, si no hubiera sido por el increíble equipo de doctores y enfermeras y por la gracia de Dios, mi hijo no estaría ahora con nosotros.

Han sido nueve meses muy difíciles, para decirlo de algún modo, pero también han sido meses llenos de esperanza. Y si he aprendido algo, es que no hay esperanza si todo depende de mí.

Quiero compartir con ustedes dos momentos en los últimos

seis meses que han cambiado todo en mí. Han cambiado la forma en que entiendo la esperanza y han abierto los ojos de mi corazón a algo verdaderamente extraordinario.

Comencemos con el nacimiento de mi hijo Max, mi pequeño hombrecito, mi campeón.

Mentalmente todavía puedo visualizar al equipo de enfermeras y doctores mientras se apresuraban a sacar a mi esposa del cuarto. El ritmo cardíaco de Max estaba disminuyendo, y de no hacer una cesárea de emergencia, el bebé moriría. Me quedé solo en el cuarto del hospital, sin tener ninguna certeza de que mi hijo fuera a vivir. Estaba consciente de la dolorosa realidad de que no podía hacer nada para ayudar a mi hijo o a mi esposa.

En el cuarto del hospital comencé a orar. Pedí por los doctores, por mi esposa y por Max. Le envié un texto al Padre Jacob, nuestro amigo y párroco, así como a los miembros del grupo de hombres católicos del que yo formaba parte. Les pedí orar por mi esposa y por nuestro hijo en la reunión que tenían esa noche.

Le rogué a nuestro Señor, a nuestra Señora y a San Maximiliano que trajeran con bien a nuestro bebé al mundo. Casi inmediatamente los mensajes de texto iluminaron mi teléfono. Sentado solo en ese cuarto, me sentí envuelto en una frazada de apoyo y de consuelo. Era como si Dios estuviera susurrando a mi oído: "Patrick, no estás solo".

Max nació pesando 2 libras y 4.8 onzas. Su cuerpo subdesarrollado y frágil era hermoso. Me quedé de pie ahí, mientras el equipo médico se disponía a trabajar, pasando tubos por su garganta y su piel. No podía creer cuán frágil era.

El Padre Jacob estuvo ahí junto a mí, y bautizó a mi hijo. Pasara lo que pasara, la muerte ya no se apoderaría de Maximiliano.

Sentí un profundo alivio al ver a mi alrededor al grupo de personas que habían salvado a mi hijo. No fue hasta más tarde esa noche que comencé a asimilar las cosas. Empecé a sentir esos nervios familiares y oleadas de júbilo que todos los padres suelen tener cuando nacen sus hijos. Pasé esa noche con las enfermeras, disfrutando de pizza y vino mientras mi esposa, Keegan, dormía. Durante esa noche, me sobrevino un pensamiento: ¡Gracias a Dios que nada de eso dependía de mí!

Los siguientes noventa y siete días en la Unidad de Cuidados Intensivos me recordaron constantemente que yo tenía el control de lo que sucedía. A mi hijo no le podía dar más que mi tiempo y mi oración. Al final de ese período, me sentí increíblemente feliz cuando tuve que llevar al auto las medicinas, los tubos y el oxígeno. Nos llevábamos a Max a casa —delicado y bien envuelto— para reunirse finalmente con su hermano, Paddy, y su hermana, Marie.

Luego vino mi diagnóstico.

A tan solo una semana de haber traído a Max a casa, me removieron un crecimiento de mi cabeza. El doctor reportó que era un melanoma —una forma letal de cáncer que me dejaba con un cincuenta por ciento de probabilidad de no vivir más de cinco años. Las cirugías, la quimioterapia, la fatiga y las náuseas se sumaron a los otros muchos retos que ya teníamos como familia. Por un tiempo todo lo que yo podía hacer era pasar acostado en la cama, abrazado a una cobija que el grupo de oración me había tejido, simplemente tratando de sobrevivir cada día.

Como esposo, padre de tres criaturas y maestro en una escuela católica, estaba acostumbrado a proteger y servir a aquellos a mi alrededor. Pero se hizo cada vez más claro que tenía que vivir en una nueva realidad —una que no me gustaba mucho.

No podía deshacerme del cáncer que estaba consumiendo mi cuerpo. No podía alimentar a mis hijos. No podía hacer nada con respecto a las cuentas médicas que eran cada vez mayores. Ni siquiera podía cortar el césped. ¡No podía hacer nada!

Entre el nacimiento prematuro de mi hijo y mi diagnóstico y tratamiento, el escenario financiero se estaba poniendo muy negro.

Recuerdo las conversaciones con mi suegra, preguntándome cómo íbamos a mantenernos a flote. Ella decidió montar una página para nosotros en *GoFundMe*, con el fin de recaudar fondos. Allí puso descripciones y fotografías de nuestra situación. Era una difícil lección de humildad, pero necesitábamos el dinero. Keegan y yo pensamos: "¿Por qué no?". Esperábamos que quizás se recaudaran unos cuatro mil dólares.

En dos semanas más de seiscientas personas donaron un total de cincuenta y cuatro mil dólares.

Quedémonos con eso en mente por un instante. En catorce días seiscientas personas—algunos de ellos completamente extraños—recaudaron cincuenta y cuatro mil dólares para nosotros.

Keegan y yo nos sentamos en la cocina, riéndonos, mientras el total recaudado seguía en aumento, porque ¿qué más puedes hacer cuando algo tan extraordinario sucede? Las familias de nuestra parroquia, gente que conocía del colegio, pero con las cuales no había tenido ningún contacto en años, extraños, amigos de nuestros amigos, todos habían dado generosamente de lo que tenían.

En un momento dado, alguien tocó la puerta. Tenía un sobre en la mano. Este hombre iba de camino al hospital con su hija de dieciocho meses a la que le iban a hacer por cuarta vez una cirugía mayor.

"¿Quién era?" preguntó Keegan.

Le contesté asombrado: "Creo que era un amigo de un amigo". Tenía yo el sobre conmigo. "Son mil dólares". Como Han Solo empotrado en carbonita, nosotros estábamos paralizados. ¿Quiénes eran todas estas personas y por qué nos estaban ayudando?

Y no era simplemente ayuda monetaria. La gente no cesaba de volcarse para hacer todas aquellas cosas que nosotros no podíamos. Nos dejaban comidas, cortaban el césped y pasaban tiempo con los niños. Nos enviaban textos y flores, y nos hacían saber que estaban pidiendo por nosotros.

La generosidad de la familia de Dios infundió nuestras vidas de esperanza. Me ayudaron a mirar a mis hijos a los ojos y decirles que todo iba a estar bien. ¡Y podía hacerlo precisamente porque nada dependía de mí!

Con la ayuda de Simón el Cirineo, Jesús cargó su cruz al calvario. En tiempos de necesidad, seiscientos Simones respondieron al llamado de Dios para ayudar a nuestra familia a cargar nuestra cruz.

Muchos individuos piensan: "¿Qué puedo hacer?" Pero tal vez es el momento de comenzar a plantearse: "¿Qué puede hacer mi familia parroquial?". Durante toda mi vida he ido a la iglesia, y nunca se me había ocurrido pensar cuánto mi parroquia podría lograr si ayudáramos a alzar las cruces de aquellos que tenemos frente a nosotros y están en necesidad.

La Iglesia de Dios se levantó por mi familia y por mí y respondieron enormemente. Ya sea las oraciones del grupo de hombres, o el hecho de que el Padre Jacob estuviera allí con nosotros para bautizar a Max, las seiscientas personas que tan generosamente contribuyeron económicamente o tantos aquellos que nos ayudaron a lidiar con las cosas del día a día, fuimos testigos de algo increíble. ¿Y sabes qué es aún más increíble? Mi familia o mi parroquia no tienen nada fuera de lo común. La impactante verdad es que lo que me pasó a mí puede pasar en cualquier parroquia de Estados Unidos. No hay nada que pueda obstaculizar el camino de Dios si sus hijos responden generosamente a su llamado de amarse uno al otro como Él nos ha amado.

Date un momento e imagina lo que tu parroquia podría hacer por aquellos en necesidad si cada miembro diera lo que está a su alcance. Cada quien puede hacer algo, y juntos hacer la diferencia. Aun llevar una comida o cortar el césped puede cambiarlo todo para una familia que lo necesite.

Si todos dieran lo que pueden, la Iglesia católica sería la luz más brillante que el mundo haya visto jamás. Mi esperanza es que mi parroquia y la tuya no esperen un segundo más para convertirse en todo lo que Dios ha soñado que pueden ser.

No hay esperanza si todo depende de mí. No hay esperanza si todo depende de ti. Pero si trabajamos juntos... la historia cambia, ¿no es así?

FOCO: Nada puede interponerse en el camino de Dios si respondemos generosamente a su llamado de amarnos entre nosotros como Él nos ha amado.

REFLEXIÓN: ¿Cómo puede tu parroquia responder al llamado de Dios para ayudar a cargar la cruz de alguien más?

Pat McKeown es con orgullo el esposo de Keegan y el padre de Paddy, Marie y Maximiliano —así como de los bebés Ignatius y Jude, a quienes Keegan y él no han tenido la dicha de conocer en esta vida y esperan con ilusión conocer en la próxima.

RESPONDIENDO A LA LLAMADA

PADRE JONATHAN MEYER

"Es Jesús el que suscita en vosotros el deseo de hacer de vuestra vida algo grande, la voluntad de seguir un ideal, el rechazo de dejaros atrapar por la mediocridad, la valentía de comprometeros con humildad y perseverancia para mejoraros a vosotros mismos y a la sociedad, haciéndola más humana y fraterna".
— *San Juan Pablo II*

Esta es una historia acerca de un joven, un Dios que lo ama y una Iglesia que le brindó esperanza en un momento de gran necesidad. Me siento bendecido de haber sido parte de estos eventos, y pido que te aliente en tu camino.

La historia comienza a las nueve y media de la noche. Estaba yo en mi oficina cuando sonó el teléfono. Alcé el auricular y dije: "Iglesia de San Lucas, habla con el Padre Meyer". Hubo un instante de silencio, y escuché esta voz.

"Soy Will".

"Will, son las nueve y media. ¿Qué sucede?"

Hablamos por unos minutos e hicimos planes para reunirnos al día siguiente.

Había conocido a Will una mañana en el servicio de reconciliación de la cuaresma de su colegio católico. Después de tres horas de estar escuchando confesiones, la cantidad de estudiantes finalmente había disminuido. Me estaba alistando para irme cuando vi a un joven que comenzaba a caminar hacia mí. Era Will.

Trató de confesarse, pero no pudo. En lugar de eso se sentó frente a mí sollozando. Al final de lo que parecía una eternidad de llanto, se levantó para irse. No estaba seguro de cómo podía ayudarle, así que le dije: "Necesitas hablar con alguien. No sé por lo que estás pasando, pero las personas pueden ayudarte. Desconozco a qué iglesia vas, pero si quieres llamarme, estoy en San Lucas". Me agradeció y se fue.

Yo no esperaba que llamara, pero lo hizo. Entonces me reuní con Will todos los días por dos semanas después de eso. Durante las primeras semanas, Will no haría nada más que venir a mi oficina y ponerse a llorar. A paso lento pero seguro, Will comenzó a abrirse a la intensa presión y ansiedad que lo agobiaba. Este joven talentoso, inteligente y motivado estaba completamente abrumado y a punto de no poder más.

Para liberar algo de la presión en su vida, animé a Will para que se integrara a nuestra vida de comunidad en la parroquia.

Muy pronto, Will se incorporó al grupo de jóvenes y comenzó a fungir como monaguillo. Comenzó a venir a misa cada domingo. Encontró un grupo formidable de jóvenes, a quienes llamó hermanos. Dentro de la parroquia, Will se había llenado de esperanza —esperanza de que su vida cobrara significado y valor más allá de las notas que obtuviera o la universidad a la que fuera admitido. Will encontró un lugar donde podía ser amado simplemente por ser un hijo de Dios. Todo esto cambió la vida de Will.

Pero yo no me di cuenta del alcance de ese impacto hasta cinco años más tarde.

Era entonces párroco de otra iglesia la cual tenía una escuela. A esa escuela iba un joven que cursaba el séptimo año llamado John. John tenía una vida difícil. Sus padres eran divorciados. Él vivía con su papá en un pequeño pueblo. Su mamá, que tenía problemas con drogas y adicción, vivía en la gran ciudad. Con frecuencia iba y venía de una casa a la otra, pero su papá era su roca. Amaba a su padre.

Un día, el papá de John muere trágicamente. Recuerdo, después del funeral, estar sentado en la mesa con la mamá de John, muchos otros familiares y un abogado. Se tomó la decisión de que nuestra escuela iba a cuidar de John y brindarle un hogar, un lugar para quedarse y alimentos. Fue duro, pero todos sabíamos que era lo mejor para John.

Como parroquia proveíamos a John de alimentos, de un lugar para vivir y una educación estupenda. Pero no importaba qué tan duro intentábamos, John, comprensiblemente, se enfrentaba con la desesperación. Se palpaba físicamente. Podía ver su semblante, cómo se involucraba en su clase y cómo se relacionaba con otros. Empecé a preocuparme profundamente por la vida de John.

En un momento de inspiración del Espíritu Santo, recordé que conocía a alguien que podía hablarle a John de una forma más profunda y con mayor sentido de lo que yo podía hacerlo. Entonces llamé a Will y le dije: "Will, no tienes idea de quién es este niño, tal vez nunca lo conozcas, pero tiene dificultades. Y simplemente necesita de un buen hombre que le diga que las cosas pueden salir bien —que está bien tener esperanza y creer que todo saldrá bien". Will asintió.

Unos días después recibí en el correo una carta escrita a mano, de Will para John. Cuando abrí el sobre, había una nota fuera de la carta que decía: "Padre, por favor lea esto antes". Decía algo como esto:

Estimado John:

Mi nombre es Will. Cuando era un estudiante de último año en el colegio, sentía que el mundo se me derrumbaba. Un día decidí quitarme la vida. Me senté con un sacerdote en el gimnasio, y traté de decirle lo que iba a hacer, pero no pude pronunciar ni una sola palabra. Todo lo que podía hacer era llorar.

Esa tarde, tomé la decisión de que iba a seguir con mis planes. Y aun así, en un último esfuerzo, hice un trato con Dios que si el sacerdote contestaba el teléfono, entonces no lo haría. Entonces llamé al padre a las nueve y media de la noche y contestó su teléfono.

A partir de ese momento, le di mi vida a Cristo, y a través de la oración, de los buenos amigos, de la Iglesia, mi vida ha cambiado. Ahora me he graduado de la universidad, estoy comprometido y me va bien en la vida.

Al escribir esto, aun ahora, unos diez años después, me pongo muy emotivo. Nunca supe cuán cerca estaba Will del suicidio. Casi sucumbe en la desesperación, pero en su hora más oscura, Will le permitió a Dios llenar su vida de esperanza. Su carta fue un intento de hacer lo mismo por John. Tomé la carta y se la di a John. El impacto fue significativo, pero aun así John necesitaba algo más.

Pocas semanas después de que la carta había llegado, recibí una tarjeta de Will en donde indicaba con antelación la fecha de la boda. Tomé la tarjeta, saqué a John de su clase y se la di. Le dije: "John, Will me acaba de decir que él quiere que seas el monaguillo en su boda".

Eso nunca sucedió. Mentí. Pero sabía que a Will le gustaría que John sirviera en su boda, y yo sabía que John necesitaba algo que pudiera esperar con ilusión. El saber que iba a conocer a Will le dio a John esperanza.

El día de la boda de Will (yo era el que la presidía), recuerdo que al abrirle a John la puerta de la iglesia, Will estaba ya ahí esperándolo con los brazos abiertos. Le dio a John el abrazo de oso más grande que jamás haya visto. Will puso su brazo sobre los hombros de John y entraron directamente a la iglesia y se sentaron en una de las bancas de atrás. No tengo idea de qué hablaron, pero puedo decirles esto: Después de esto, John fue transformado.

Tenía esperanza. Comenzó a creer que su futuro podía ser mejor que su pasado, que Dios lo amaba y le daría todo lo que necesitaba para atravesar las pruebas de la vida, y que el cielo estaba de su lado.

Entonces, ¿en qué punto del camino te encuentras? ¿Eres como Will cuando lo conocí por primera vez? ¿Estás desesperado y necesitas esperanza? Si es así, te lo imploro, ¡sigue el ejemplo de Will y dale a Dios una oportunidad! Ve a la parroquia de tu familia y a los sacramentos. No tengas miedo de dejar que Dios te ame ahí donde te encuentras.

Si te comparas con Will cuando conoció a John, ¡gracias a Dios! Pero no quedes satisfecho. Sé como Will y conviértete en alguien que espera con los brazos abiertos para dar esperanza a aquellos que la necesitan, sin importar el costo. Sé parte de una parroquia que va mucho más allá para atender a alguien que lo necesite, aun las necesidades de un extraño. Después de todo, no sabes si una vida depende de ello.

FOCO: Cuando permitimos que Dios nos transforme, podemos ser agentes de cambio para otros.

REFLEXIÓN: ¿Quién en tu vida podría beneficiarse de recibir una carta de estímulo?

El Padre Jonathan Meyer es un sacerdote y pastor de la Arquidiócesis de Indianápolis que ama su ministerio. Durante los primeros cinco años en la Arquidiócesis fungió como director del ministerio de jóvenes y ha pasado los últimos ocho años integrando diversas comunidades parroquiales en diferentes acuerdos, fusiones y clausuras.

PARTE TRES

ESPERANZA EN ACCIÓN

"Por quien, en virtud de la fe, hemos obtenido asimismo el acceso a esta gracia en la cual estamos firmes, y nos gloriamos en la esperanza de la gloria de Dios. Y no solamente esto, sino que nos gloriamos también en las tribulaciones, sabiendo que la tribulación obra paciencia; la paciencia, prueba; la prueba, esperanza; y la esperanza no engaña, porque el amor de Dios ha sido derramado en nuestros corazones mediante el Espíritu Santo que nos ha sido dado".

— *ROMANOS 5:2-5*

UN DIOS DE MILAGROS

LINDA MALIANI

"Para un cristiano una situación nunca carece de esperanza. Un cristiano es un hombre de esperanza. Eso es lo que nos distingue".
— *San Juan Pablo II*

La hora del baño en nuestra casa se había convertido en una rutina. Después de tres hijos, mi esposo y yo éramos profesionales experimentados en saber qué esperar cuando teníamos a cada niño en la bañera. El doce de febrero era lo mismo que cualquier otra noche —hasta que noté algo inusual. Había sacado a Alyssa, la menor de dos años, de la bañera para secarla cuando vi un gran abultamiento en su cuello.

Mi esposo y yo sabíamos que no podía ser normal, pero no teníamos idea de cuán malo podía ser. Los doctores encontraron una masa en su abdomen del tamaño de una toronja. Debido a que el tumor estaba envuelto en todos sus principales vasos sanguíneos, nos dijeron que no se podía operar. Alyssa tenía un neuroblastoma en etapa cuatro.

Esta era una carga demasiado grande para una criatura tan

pequeña. Después de todo, la pequeña Alyssa solo pesaba veinticinco libras.

Desde ese día en adelante, doctor tras doctor nos dijo que no había esperanza de cura para Alyssa. La mayoría decía cosas como: "Vamos a darle a Alyssa lo mejor que tenemos a nuestro alcance, pero aun eso no podrá curarla". Otros nos dijeron: "Podemos tratar esto, pero, en el mejor de los casos, podemos darle un par de años con ella". Los doctores nos dijeron que Alyssa no tenía esperanza de vida —y que no teníamos ninguna esperanza.

Recuerdo una noche, durmiéndola en mis brazos, la acosté en el piso, me arrodillé a su lado, y oré: "Dios, no sé dónde estás, pero tengo que encontrarte". Dios susurró en el silencio de mi corazón: "Estoy en la Iglesia".

Ciertamente yo no estaba donde debía haber estado o dónde deseaba estar en mi fe, pero sabía que Dios me estaba hablando. Así que pensé que sería mejor escuchar.

Comencé a ir a misa diariamente. Con tres niños muchas veces era difícil o imposible ir a misa los domingos, pero de pronto la misa diaria era la mayor fuente de esperanza en el día.

Al escuchar en las lecturas diarias de la misa, las historias de Jesús, me maravillaba al ver las distancias que viajaba la gente solo para tocarlo, para estar en su presencia y para ser sanada por Él. Esperaban contra toda esperanza que Jesús hiciera los milagros que habían escuchado.

Como la gente de los Evangelios, yo necesitaba un milagro.

Entonces fui a misa todos los días y oraba y esperaba que Jesús sanara a mi bebé.

Les pedimos a nuestra familia y amigos que pidieran un milagro para Alyssa. Aunque ante los ojos de los doctores no había ninguna esperanza para ella, creímos que podíamos encontrar esperanza en un Dios de milagros. Y quisimos que todos llevaran esta esperanza y esta oración por nosotros.

Durante los meses de terapia rigurosa, una de mis primas tenía un amigo que fue el chofer de Santa Teresa de Calcuta cuando ella visitó Nueva York, y mi familia tuvo la oportunidad y el gran honor de asistir a la misa con Madre Teresa.

Después de recibir la sagrada comunión, Alyssa comenzó a llorar. Mi esposo y yo salimos con Alyssa al pasillo, tratando de calmarla. La Madre Teresa nos siguió, llevando en su mano tres medallas milagrosas. Puso una en Alyssa y nos pidió que nos pusiéramos las otras dos. Luego Madre Teresa nos enseñó una oración muy simple: "María, Madre de Jesús, haz que nuestro bebé esté totalmente bien". Ella pronunció esta oración con nosotros una y otra vez mientras estábamos ahí. En ese momento fue muy difícil para mí decir esta oración, pero nos instó a decirla una y otra vez con ella.

Hasta ese momento, mientras rezaba, la Madre Teresa había estado muy seria. Pero de un momento a otro una gran sonrisa iluminó su rostro. Era como que si Dios hubiera hablado con ella mientras estaba con nosotros. Se relajó completamente y luego dijo: "¡Ella va a estar bien, y va a crecer!". Mientras se alejaba de nosotros, se volvió, sonrió y dijo de nuevo: "¡Ella va a estar bien, y va a crecer!". Y con esas palabras increíbles de esperanza, se marchó. Nos aferramos a esas palabras y empezamos a rezar conforme nos había enseñado.

Después de muchos meses de quimioterapia, el día en que le hicieron a Alyssa la segunda cirugía, mi familia se reunió en el hospital. Durante la primera cirugía, los doctores habían removido el setenta y cinco por ciento del tumor de Alyssa. Ahora los doctores querían realizar una segunda cirugía para tratar de remover el tumor restante alrededor de la aorta y otros vasos capilares. Nos preparamos para otra cirugía de siete horas y continuamos rezando por un milagro.

Tras treinta minutos de cirugía, un médico clínico se dirigió a nosotros con lágrimas en los ojos y nos dijo que habían abierto a Alyssa. No había tumor visible, vivo o muerto, que remover. Aparentemente por dentro, parecía que Alyssa nunca hubiera tenido un tumor. Ni siquiera había tejido cicatricial de la primera cirugía. Nunca habían visto esto antes anteriormente. Uno de los doctores nos dijo que si él no hubiera estado presente en la primera cirugía, habría pensado que habían operado a otro bebé.

Mi esposo y yo, después de meses y meses de pedir con todo nuestro corazón un milagro, estábamos en shock. Era como una escena extraída de los Evangelios. Dios había sanado a Alyssa, y nosotros, los testigos, estábamos estupefactos.

Mientras escribo esto, veintisiete años más tarde, disfruto ver a Alyssa bañar a sus dos bebés: mi nieta y mi nieto. La mayor, María Teresa (en honor a Santa Teresa de Calcuta), acaba de cumplir los dos años, la misma edad que Alyssa tenía cuando fue diagnosticada. La familia de Alyssa tiene ahora su propia rutina de baño, y me siento privilegiada de presenciarla.

No pretendo entender los milagros y cómo y por qué Dios hace lo que hace, pero tengo claro quién sanó a mi hija: Dios. Es en quién ahora deposito mi esperanza.

FOCO: Al final, el milagro más importante de todos es el cielo. Por consiguiente, en la vida y en la muerte, veamos nuestro milagro o no, podemos siempre tener esperanza.

REFLEXIÓN: ¿Qué milagro necesitas que Dios haga en tu vida? Usa este espacio para escribir tu petición. Será más real cuando la puedas ver por escrito.

Linda Maliani ha estado casada con Pete Maliani por treinta y nueve años, y tienen cuatro hijos y nueve nietos. Actualmente ella enseña religión a estudiantes de sexto, séptimo y octavo año.

EN BUSCA DE ALMAS

DEREK GAZAL

"La esperanza nos permite penetrar la oscuridad de un futuro
incierto para viajar en la luz".
— *Papa Francisco*

Algo faltaba en mi vida.

Superficialmente, todo parecía ir bien. Estaba viviendo mi sueño de artista. Mi banda estaba tocando con grupos como Black Eyed Peas y Roots y con artistas como Kanye West, Jimmy Cliff, Robert Randolph y otros.

Sin embargo, el éxito me costó caro.

Tenía una deuda de veinticinco mil dólares y tenía todas las razones para creer que, si continuaba por este camino, esa suma continuaría en aumento. Peor aún, tenía esta inquebrantable inquietud que con frecuencia me dejaba sintiéndome miserable. Claramente algo en mi vida estaba desajustado.

En medio de mi búsqueda de respuestas, tuve una conversación de corazón a corazón con el baterista de mi banda. Hablamos de todo: desde religión, hasta relaciones, hasta política. Fue en esa conversación en que me desafió a dar el diezmo. Aun cuando me crie como católico, nunca había escuchado del diezmo. Me explicó que el diezmo es dar el diez por ciento de tu dinero a Dios.

Mi reacción fue, creo, muy razonable dadas las circunstancias. "¿Qué? De ninguna manera, mi hermano. ¡Estás loco!" Yo no era un experto en finanzas, pero estaba completamente seguro de que la solución para alguien con deudas no era entregar el diez por ciento de su ingreso.

A pesar de ello, me sentí desafiado por mi amigo. En ese momento, la percepción que tenía de mí era la de un buen católico y él presentó un concepto que me hizo cuestionármelo. Honestamente yo no estaba consciente de la bancarrota espiritual que estaba afectando profundamente mi vida. Entonces cuando este hombre, a quien respetaba y en quien confiaba profundamente, me retó a profundizar, me hizo detenerme y considerarlo.

Enfrentándome a un reto, aspirando a algo más en la vida y no estando tan seguro respecto a la cosa del diezmo, comencé a orar y a indagar más al respecto.

Eventualmente de alguna manera llegué al Libro de Malaquías. Como profeta, Malaquías animaba a la gente de su época a dar el diezmo:

> Traed todo el diezmo a la cámara de tesoros, para que haya alimento en mi Casa; y probadme, os ruego, en esto, dice el Señor todopoderoso, a ver si no os abro las ventanas del cielo, y derramo sobre vosotros bendiciones en abundancia (Malaquías 3:10).

No me parecía que dar el diez por ciento del dinero ganado con tanto esfuerzo fuera el camino a seguir, pero "abrir las compuertas del cielo" —ieso me vendría muy bien! Quería esas bendiciones. *Necesitaba* esas bendiciones, así que después de mucha resistencia espiritual y negociación, con el Espíritu Santo, di ese paso, en un acto de fe, y comencé a diezmar.

Para poder dar el diezmo apropiadamente, hice, por primera vez en mi vida, un presupuesto que incluía todo mi ingreso. El presupuesto me hizo ver cuán perjudicial es vivir más allá de mis medios. Sé que esto parece obvio, pero solo cuando tuve los números en frente mío me di cuenta de qué inmenso y al mismo tiempo simple era mi problema. En el papel, la deuda ya no parecía insuperable. El camino parecía difícil... pero factible. Dios me estaba abriendo los ojos y mostrando el camino para salir de mis deudas.

Un presupuesto que incluía todo me llenó de esperanza. Me llenó de confianza el que Dios realmente conocía tan íntimamente mi corazón, que realmente sabe lo que más me conviene.

Dios tomó este acto de fe y me dio el coraje de ser más disciplinado. Y no solo disciplina respecto a la forma de emplear mi dinero, sino también a la forma de emplear mi vida. Como dice Jesús, no podemos servir a dos amos. Entonces, dejé mi banda, me mudé a la casa de mis padres, me ajusté a mi presupuesto y le di a mi trabajo diurno la atención que merecía. La mayoría de personas en mi vida, incluyendo mi amigo el baterista, pensaron que había perdido algo de cordura para hacer estos cambios radicales. Pero los resultados hablaron por sí mismos y le agradezco a Dios que pagué la deuda en dos años.

Más relevante aun, durante ese tiempo, mi alma se inundó de vida y mi fe creció exponencialmente. Pasar un tiempo en silencio con el Señor, la oración, la reflexión, la misa, la adoración, la confesión y la limosna se convirtieron en mi salvavidas. Mi fe ardía.

Dar el diezmo a veces parecía arriesgado, especialmente sumergido en deudas. ¡Pero, vaya que le hacía bien a mi alma! Me hizo llegar más allá de lo que creía ser capaz y me llevó a un lugar con el que nunca había soñado. Me enseñó que en verdad Dios derrama bendición sin medida.

El dar el diezmo fue un giro crucial en mi vida y estoy eternamente agradecido. Mediante el diezmo, Dios cambió mi corazón. Me ayudó a convertirme no solo en un hombre que habla de confianza, sino en un hombre que la vive. En ese momento no lo sabía, pero Dios no estaba haciendo esto porque quería que saliera de deudas o simplemente porque deseaba que me esforzara más en mi trabajo. Lo hizo porque me estaba preparando para aquello a lo que verdaderamente me estaba llamando en mi vida. Me estaba preparando para conocer a mi esposa.

Poco tiempo después de que comencé a dar el diezmo, literalmente una o dos semanas, conocí a mi esposa en el lugar donde menos lo esperaba. Diez mil millas de mar y tierra nos separaban, y lo que todos, incluyendo mi madre consideraban imposible, se hizo realidad. Ahora tenemos dos niñas lindas y saludables, poseemos negocios, hemos fundado una organización de beneficencia, y compartimos juntos la fe en nuestro hogar, en nuestra parroquia y en nuestra comunidad. En lugar de intranquilidad y frustración, mi vida está llena de paz, dicha y esperanza. Una esperanza que sabe que Dios hace cosas maravillosas cuando confiamos en Él.

El darle a Dios el primer lugar en el ámbito financiero de mi vida impactó todos los demás aspectos y abrió las puertas del cielo para mí.

Por supuesto que dar el diezmo no es el único medio que usa Dios para guiarnos a lo largo del peregrinaje de nuestra vida. Hay muchas cosas que a nivel personal o comunitario podemos hacer para crecer en la fe. Por ejemplo, la Iglesia católica está colmada de perlas de sabiduría, esperanza y en última instancia, de amor para el creyente que va en camino. Aun cuando parece de primera entrada algo contradictorio, la decisión de dar un paso por fe, arriesgarse y apostar a la sabiduría de Dios es una decisión que cambió radicalmente mi vida para bien. Mi corazón pasó de la muerte a la vida.

A través de lo que he vivido, he aprendido que la esperanza es un don de Dios, y un don que necesito desesperadamente. Dios nos promete que vale la pena hacer su voluntad aquí en la tierra, sin excepción alguna. E independientemente de si recibimos su bendición de este lado del cielo o del otro, debemos creer que esto es cierto.

La vida puede ser dura. Puede ser difícil navegar, pero poniendo nuestra esperanza en la luz de Cristo, ciertamente no hay oscuridad que pueda dominarnos. Ruego que mi corazón y el tuyo se mantengan receptivos a Dios y a su esposa, la Iglesia. Que esta esperanza nos traiga paz en el presente y esperanza de un mañana mejor.

FOCO: La decisión de dar un paso por fe, arriesgarse y apostar a la sabiduría de Dios es una decisión que nunca cesa de llenar el alma de una profunda paz y verdadera esperanza.

REFLEXIÓN: ¿Qué se interpone entre ti y una relación íntima y llena de esperanza con Dios?

Derek Gazal es el fundador de St. Joseph's Outreach, una organización de caridad cuya misión es edificar la fe en la comunidad a través del poder de la oración y crear o fortalecer la relación con parroquias locales. También es un artista de la música pop, rock y reggae, conocido en este ámbito como Blindman y cuando le es factible, da charlas en parroquias como voluntario de la organización Mckenna Stewardship.

NADIA

REBECCA RECZNIK

*"La esperanza se origina en la oscuridad, los tenaces esperan que,
si simplemente te haces presente y tratas de hacer lo correcto,
amanecerá. Esperas, contemplas y funciona: No te des por vencido".*
— *Anne Lamott*

El menor de mis hijos acababa de cumplir un año cuando
empecé a sentir las primeras vibraciones de una nueva vida
en mi vientre: otro ser humano. No estaba esperando o
planeando quedar embarazada. Muchas mujeres sueñan con
el día en que se enteren de que van a ser madres por primera
vez. Pero nadie te dice qué hacer si el día llega y te sientes
aprensiva en lugar de emocionada.

Traté de sacudir mi ansiedad. Pero aun después de
tomarme mi café de la mañana y de que mis dos varoncitos
habían terminado de embarrar sus pijamas de avena, aun
después de que los había acostado y cobijado esa noche y la
cocina ya estaba arreglada, la oscuridad persistió. Y pinchaba
persistentemente mi alma.

Veía a mamás con experiencia que andaban en camionetas
llenas de niños y me preguntaba cómo lo hacían. Estaba al

tanto de la profunda responsabilidad de criar niños, y me llenaba de pavor. Leí historias de madres fuertes y firmes en la Biblia, y me cautivaron. ¿Cómo puede una madre encontrar tanta fuerza? Parecía imposible y, francamente, descabellado.

Cuando nacieron mis dos primeros hijos, de pronto tuve una mayor conciencia del pecado y del sufrimiento en el mundo. La violencia me causaba nauseas, mucho más que las que me causaba el embarazo. Me sentí abrumada por la maldad que existía.

¿Cómo podía traer otra pequeña vida a un mundo tan caótico y lleno de problemas?

Me sentí sola y sin esperanzas en un mundo oscuro y airado. No podía imaginarme ver a mis hijos en un mundo donde no podía protegerlos. Eso me aterraba. No podía ver la esperanza.

Entonces un día, mi esposo insistió en que yo empezara a practicar la gratitud aun en medio de la ansiedad. Viendo lo ansiosa que estaba a diario, me dijo: "Dios no viene hacia ti a través de ese temor". Tenía razón: La ansiedad que experimentaba en relación a la maternidad ensombrecía mi conciencia del amor de Dios en el mundo. Esta no era la forma de asumir los retos de la maternidad. Esta no era la forma de superar el temor. Esta no era la forma de encontrar esperanza.

Mi esposo me alentó a identificar diariamente una cosa —solo una— por la cual estaba agradecida. Juntos adoptamos esta práctica de acción de gracias en nuestra vida diaria. Cuando oraba, me agarraba de una cosa por la cual estaba agradecida ese día. La experiencia de hallar gratitud fue difícil; podía ver solamente una taza vacía. Por unas cuantas semanas, realmente sentía que no tenía razón alguna para darle gracias a Dios.

Me tomó un tiempo, pero eventualmente comencé a nombrar una cosa cada día por la que podía estar agradecida. Muchos días le di las gracias a Dios por mis hijos y por el bebé que crecía en mi vientre. Con el pasar del tiempo, descubrí que no importaba cuán difícil o agobiante era mi día, siempre había algo en particular por lo cual podía estar agradecida: la maternidad.

Mi alma recobró calidez.

En esos días comenzamos a escoger nombres para nuestro dulce bebé que venía de camino, tratando de quedarnos con algunas pocas opciones dado que no sabíamos el sexo. Fue difícil seleccionar los nombres masculinos que más nos gustaban, pero, irónicamente, pudimos ponernos de acuerdo en un solo nombre femenino.

Un sacerdote, que era un amigo nuestro cercano, nos dijo una vez que nombrar a un niño era un asunto relevante y que no debía tomarse a la ligera. Desde entonces nos hemos dado a la tarea de escoger un nombre para nuestros niños, poniéndolo profundamente en oración y prestando gran atención al detalle, al saber que nuestro hijo se presentará delante del Señor con ese nombre.

Mi esposo quería incorporar parte de su fuerte herencia polaca en el nombre del bebé. Quería que nuestro hijo se identificara con nuestras profundas raíces de tradición, comunidad y vida de familia. Nuestro bebé nunca estaría solo, sin importar lo que sucediera en el mundo.

Seguí lidiando con sentimientos de ansiedad hasta que me pusieron a mi preciosa bebé en mis brazos. Al sentir su pequeño cuerpo sobre el mío, lloré y lloré, con mi alma rebosando de nuevo de gratitud. Esto era esperanza. Ella era esperanza. Este era el rostro de la dulce, preciosa esperanza encarnada. En ese momento, la esperanza llegó a ser no solo una palabra, sino un ser vivo para mí.

La llamamos Nadia, que en polaco significa "esperanza". Su segundo nombre, Jane, es un tributo a mi abuela ya fallecida, y significa "Dios es bondadoso".

La esperanza se convirtió en un ser vivo para mí, así como en una vivencia diaria. Cada mañana, al escuchar el canto de las aves fuera de mi ventana y al percibir el delicioso aroma del café recién preparado, siento el deseo de ir a la cuna y tomarla en mis brazos mientras ella me mira con el mismo deseo. Al alzarla y acercarla a mi corazón, me doy cuenta de que la esperanza no es un sentimiento, sino una acción. Una decisión. Mi esposo y yo tomamos la decisión de acoger la esperanza al concebir cada niño, y es un compromiso ante Dios que renuevo cada mañana al tomar sus manitas regordetas y guiarlos a través del día.

Nadia es nuestro SÍ a Dios, un sí que no es calculado, planeado o cuestionado. Y al mirar la vida y la de mi pequeña familia a través de los lentes de lo eterno, encuentro mi esperanza. Una vida puede cambiar tantas cosas. Quién sabe lo que mi pequeña Nadia hará y cómo traerá el amor de Dios al mundo. Con cada vida nueva, con cada SÍ, le damos a Cristo una oportunidad de entrar en el mundo y permitimos que la luz de Dios brille en medio de la oscuridad.

FOCO: Una vida puede cambiar tantas cosas. Con cada SÍ, le damos a Cristo una oportunidad de entrar en el mundo y permitimos que la luz de Dios brille en medio de la oscuridad.

REFLEXIÓN: ¿Respecto a qué te está dando Dios la oportunidad de decirle SÍ hoy?

Rebecca Recznik disfruta de quedarse en casa y dedicarse por completo a su familia y explora el mundo a través de los ojos de sus cuatro niños amantes del barro y de la tiza, en sus diez acres en el campo, en Michigan. En su escaso tiempo libre, disfruta de su interés por la fotografía, leer un buen libro y dormir.

UN ANIVERSARIO PARA RECORDAR

MARGUERITE BRAMBANI

"El amor es una entrega mutua cuyo final se encuentra en la sanación de uno mismo".
— *Fulton J. Sheen*

Austin y yo hemos celebrado cuarenta aniversarios de boda. Mi aniversario favorito fue, sin lugar a dudas, el vigésimo noveno, uno de los mejores días de mi vida. Fue en ese día que tuve mi más profundo encuentro con la esperanza.

En mi opinión, la esperanza y el propósito están directamente ligados uno al otro. Sin comprender el propósito, no puede haber esperanza. Tomemos el caso de un cuchillo, por ejemplo. Los cuchillos fueron inventados con el propósito de cortar cosas. Si intentas arrancar tu auto o abrir la puerta con un cuchillo, no guardas esperanzas de lograrlo. No abrirás la puerta y definitivamente no arrancarás tu auto. De hecho, posiblemente ocasionarás más daño que bien.

El conocer el propósito de algo y usarlo para ese fin nos da esperanza. Eso aplica a lo pequeño, como un cuchillo, y a lo grande, como un matrimonio. Si no sabemos el propósito del matrimonio, ¿cómo puede una relación desarrollarse y florecer? Estás advertido: ¡No se puede!

Permíteme explicarlo poniendo mi propio matrimonio como ejemplo.

Durante la primera mitad de nuestro matrimonio, Austin y yo tomamos la crianza de nuestros hijos gemelos como el propósito de nuestro matrimonio. Cada día me sumergía completamente en sus vidas, haciendo todo lo que estaba a mi alcance para enseñarles la fe católica y asegurarme de que sus días estuvieran llenos de alegría y de amor. Austin enfocó su energía en proveer a nuestros hijos y a mí de una buena calidad de vida. Trabajó interminables horas y se aseguró de que tuviéramos todo lo que necesitábamos.

El criar niños y criarlos bien es una noble empresa y dimos lo mejor de nosotros, pero me cautivó el temor de qué pasaría con nuestro matrimonio cuando nuestros hijos crecieran y vivieran por su cuenta. ¿Quedaría algo que rescatar?

Vivíamos dos vidas separadas. Él trabajaba y yo criaba nuestros hijos. Era una vida solitaria y un matrimonio solitario. No peleábamos ni discutíamos mucho. Prácticamente no había comunicación. Yo deseaba tener una mejor relación, y él también, pero no sabíamos cómo lograr sintonía. No sabíamos cómo hacer que nuestro matrimonio funcionara.

Los padres de Austin se divorciaron después de veinticinco años de casados, y una parte de mí estaba resignada a la idea de que nos esperaba el mismo destino. ¡Ni hablemos de desesperanza!

Como he dicho, sin propósito, no hay esperanza.

Entonces una tarde Dios intervino en mi vida. Con frecuencia iba a una librería católica en busca de inspiración y guía. Ese día en particular Dios me inspiró a tomar un CD.

Algo del título *Conviértete en la mejor versión de ti mismo* cautivó mi atención. Pensé: "Bien, ¡ciertamente no quiero ser la peor versión de mi misma!".

Al escuchar el CD en mi auto, todo cambió. Fue como si me hubiera alcanzado un rayo. Me encontré cara a cara con mi propósito —y más importante aún, con mi negligencia ante ese propósito.

Rápidamente empecé a percibir que las cosas estaban cambiando dentro de mí. Me sentía llena de energía, una energía que se alimentaba de un propósito, y me inundaba una abrumadora sensación de que las cosas iban a mejorar. Por años había adoptado el papel de víctima, pero repentinamente se me ocurrió que no tenía que ser así. Después de años de sentirme impotente, de pronto sentí una oleada de esperanza dentro de mí.

Había estado tan ocupada tratando de cambiar a mi esposo, arreglar mi matrimonio y criar a mis hijos, que había dejado de intentar ser la mejor versión de Marguerite. Dejé de crecer como persona. Sin embargo, sabía que si en ese momento me comprometía a vivir según el propósito dado por Dios para mi vida, habría esperanza para mí —y esperanza para mi matrimonio.

Ahora bien, esa esperanza no es de la que se habla popularmente. No es un sinónimo de meras ilusiones. En cambio, ¡era sinónimo de posibilidad! ¡La santidad era posible e influenciar mi matrimonio de manera positiva también lo era!

Estaba tan emocionada que contaba los minutos para decirle a Austin que escuchara el CD conmigo. Hicimos un viaje largo en auto y él lo escuchó todo, sin interrupciones. El CD lo impactó de la misma forma que a mí. Ese día en el auto fue el comienzo de lo que ha llegado a ser una conversación diaria. Nos preguntamos el uno al otro: "¿Qué puedo hacer hoy para ayudarte a convertirte en la mejor versión de ti mismo?"

Comenzamos a ser un equipo. Y día a día, poco a poco, nuestro matrimonio fue mejorando. Nos comprometimos a ayudarnos mutuamente para llegar a ser la mejor versión de nosotros mismos. Como resultado, nuestro matrimonio ha sido impregnado de propósito y es impulsado por la esperanza de que podemos ayudarnos mutuamente a llegar al cielo.

El vigésimo noveno aniversario de nuestra boda es mi favorito porque ese día mi esposo entró de lleno a la Iglesia católica. Fue el día en que se comprometió plenamente con el propósito de nuestro matrimonio y le abrió las puertas a la Iglesia como la fuente de sabiduría y de gracia que necesitamos para vivir la vida bien. Fue el día en que le abrimos las puertas a la esperanza en nuestras vidas y en nuestro matrimonio.

¡Y qué bello día fue!

FOCO: Sin comprender el propósito, no puede haber esperanza.

REFLEXIÓN: ¿Cómo el llegar a ser la mejor versión de ti mismo impactará las relaciones con los que te rodean?

Marguerite Brambani es una abnegada esposa, madre y abuela que ama a Dios y a su familia sobre todas las cosas. Ella vive cada día con gratitud en su corazón por todas sus bendiciones y ofrece sus oraciones diarias por un mundo más pacífico.

UNA GRACIA ORDINARIA

TALIA WESTERBY

"Lo que me confiere mayor esperanza cada día es la gracia de Dios, pues sé que su gracia me dará la fuerza ante cualquier cosa que enfrente".
— *Rick Warren*

Si pasaras una semana observando mi vida, te parecería completamente normal, incluso aburrida.

Todos los días me levanto prácticamente a la misma hora, como las mismas cosas, veo la misma gente, voy a misa al mismo lugar y veo los mismos programas de televisión. Por supuesto que, al tener niños pequeños, mi rutina puede alterarse de una u otra forma, pero en realidad la mayor parte del tiempo mis días transcurren de manera bastante similar.

Considero que esta normalidad es un milagro.

La enfermedad mental casi me roba toda esperanza de llevar una vida normal. No obstante Dios, actuando a través del tiempo y de personas comunes y corrientes, logró salvarme.

Esta es mi historia, y es un honor para mí compartirla con ustedes.

———————

Algo no estaba bien. Era todo lo que sabía. No estaba segura de lo que me pasaba, pero no podía moverme. Me sentía débil y desorientada. No tenía claridad mental y a duras penas podía pensar.

Tuve apenas una idea clara —¡llamar a papá!

"Papá, no estoy sangrando ni estoy herida físicamente, pero algo grave me está sucediendo".

Después de varias citas y exámenes médicos, supe que había tenido un severo ataque de pánico, generado por un gran nivel de estrés en mi vida: un accidente automovilístico, un desafiante puesto como docente en la ciudad, la ruptura de mi compromiso y el hecho de que a mi mamá la hubieran diagnosticado con cáncer de pecho por segunda vez. Todo eso contribuyó. Se hizo claro además, que necesitaba buscar tratamiento intensivo para los trastornos de obsesión compulsiva y de bipolaridad.

Mis padres me llevaron de Indiana a su casa en Wisconsin para que pudiera recibir cuidado especializado en una clínica cercana. Fue una bendición para mí vivir con mis padres durante este tiempo, pero a la misma vez me sentía terriblemente aislada de mis amigos y de mi rutina.

En este punto, mi vida pudo haber tomado uno de dos caminos: el de la desesperación o el de la recuperación. Hubo dos momentos cruciales en mi recorrido hacia la recuperación.

El primero adoptó la forma de una decisión.

Muy pronto después de haber sido diagnosticada, pasaba varias horas diarias en terapia o realizando los ejercicios de la terapia de exposición en casa, como parte del tratamiento. Poco a poco iba restaurando mi vida y aprendiendo a vivir con el trastorno obsesivo compulsivo y el trastorno bipolar. A veces me reunía con un grupo de personas con condiciones similares a la mía, a veces con un psicólogo y también con un psiquiatra. Aun cuando esto me ayudaba, los doctores sugirieron que tomara medicamentos adicionalmente a la terapia.

No estaba segura de querer hacerlo. Siendo yo una mujer de fe, sentía que debía poder superarlo mediante la oración, como si mi enfermedad fuera el resultado de falta de fe de mi parte.

Pero lo importante era que el psicólogo y el psiquiatra me estaban ayudando. Dios estaba actuando a través de la humanidad y de los remedios del mundo. Como en los relatos de los Evangelios, Dios iba a mi encuentro, allí donde yo estaba.

Al hablar más con los doctores, me explicaban cómo las enfermedades mentales son causadas por desequilibrios químicos. Entonces, entre más pensaba en ello, más empecé a creer que si Dios actuaba a través de la humanidad, también lo podía hacer a través de los medicamentos.

Decidí comenzar a tomar medicamentos como complemento de la terapia a razón de permitirme la estabilidad para ser la persona que sabía que Dios tenía en mente para mí.

¡Los resultados fueron impresionantes! Fui capaz de escuchar y seguir el plan de Dios para mi vida de una forma enteramente nueva. ¡Ay, qué alivio! ¿Quién consideraba que Dios podía responder las oraciones a través de la ayuda profesional y de la medicina? Yo encontré —y continúo haciéndolo— esperanza en un Dios que vive y actúa en mi vida diaria, a través de los demás.

El segundo momento determinante fue cuando comencé a asistir semanalmente al grupo católico de adultos jóvenes de mi hermana.

Al principio estaba un poco renuente, pero cuando lo hice, encontré algo increíble. ¡Estas personas eran maravillosas! Iban a misa juntas, se confesaban con frecuencia y se rendían cuentas mutuamente para vivir la vida de una manera buena y moral. Al mismo tiempo, ¡podían salir y tomarse una cervecita juntas! ¿Quién pensaría que todo eso era posible?

Y lo más importante, no cuestionaban las razones por las cuales estaba pasando un tiempo breve en Wisconsin. En lugar de eso, me aceptaban y me querían. Cuando estaba con ellos, no me sentía diferente, me sentía amada. No puedo explicarte el regalo que esto significa para alguien que sufre de una enfermedad mental.

El compartir mi vida con personas increíbles que me inspiraban a ser la persona según el plan de Dios, me brindó una red de apoyo y me llenó de esperanza. La esperanza de poder vivir de nuevo una vida normal y de que la tormenta pasaría.

———————

Mediante la gracia de Dios y la ayuda de mucha, mucha gente, he superado la tormenta. Aunque me gusta bromear diciendo que estoy "curada", siempre notaré cuando un cuadro está torcido y necesito mantener mis cosas en orden. Mis amigos me dicen en broma que vaya a ordenarles sus casas y sus escritorios, porque disfruto haciéndolo —¡y lo hago bastante bien!

Siempre tendré simpáticas excentricidades. Mi vida incluirá una lucha constante con las enfermedades mentales, y eso vendrá con una variedad de retos y pruebas, pero descanso con la certeza de que el Señor me ofrecerá esperanza en medio de mi quebrantamiento, mediante la ayuda profesional, las oraciones, la comunidad y de formas que solo Él conoce.

Hoy, me esfuerzo por ser una fuente de esperanza para aquellos que cargan la cruz de una enfermedad mental. Quiero que la gente escuche mi historia, que sepan que sufrí una experiencia realmente difícil, que vean donde me encuentro ahora y que tengan esperanza de que puedan ellos experimentar también la sanación.

También quiero retar a la Iglesia a convertirse en la mejor versión de sí misma. Casi nunca escucho peticiones por aquellos que sufren de trastornos mentales. Con frecuencia rehuimos hablar de los signos, las luchas y las decisiones que conllevan el ser diagnosticado con una enfermedad mental. Hay tantas personas que batallan en nuestras comunidades que se sienten amputadas del amor de Dios. Para la Iglesia de Cristo, esto es inaceptable.

Fui afortunada de haber encontrado una comunidad sólida en Milwaukee. Necesitamos más comunidades fuertes que nos levanten en el camino. No hay ninguna organización, institución o ministerio en mejor posición de servir a aquellos con enfermedades mentales que la Iglesia católica. Soy una prueba viviente de ello. Pero necesitamos intensificarlo un poco.

Entonces, ¿dónde encuentro esperanza? Encuentro esperanza en los buenos doctores que trabajan duro para aliviar el sufrimiento de sus pacientes, que pasan incontables horas sirviendo a una corriente de sufrimiento que parece no tener fin. Mi esperanza está en la Iglesia católica, una increíble comunidad de personas llenas de bondad, de fe y de amor que realizan la obra de Dios a través de lo ordinario de cada día, a través de sus actos de amor.

En última instancia mi esperanza está en un Dios que se negó a dejar su cruz en el camino al Calvario, pero que no se negó a aceptar la pequeña ayuda de un extraño a lo largo del camino.

FOCO: Podemos confiar plenamente que, aun en las pruebas más duras, Dios contestará nuestras oraciones —solo que no siempre de la forma en que lo esperamos.

REFLEXIÓN: ¿Cuáles son algunas de las formas en que Dios ha contestado las oraciones en tu vida?

Talia Westerby es la directora ejecutiva de Arise Missions en Milwaukee, Wisconsin, y goza de la bendición de pasar gran parte de su tiempo con su esposo, Carl, y sus dos hijos, Maximilian y Theodore, que la mantienen en su camino hacia la santidad.

PARTE CUATRO

LLAMADOS A SER ESPERANZA

"Pero los que esperan en el Señor renovarán sus fuerzas; volarán como las águilas, correrán sin fatigarse, caminarán sin desfallecer".

— *ISAÍAS 40:31*

ESCUELA DE ESPERANZA

MONSEÑOR JOSÉ H. GÓMEZ

"Te lo imploro, nunca, nunca abandones la esperanza, nunca dudes, nunca te agotes, y nunca te desalientes. No temas".
— San Juan Pablo II

La historia del cardenal Francisco Javier Nguyen Van Thuan es una de las más estremecedoras e inspiradoras del siglo XX.

El cardenal Thuan acababa de ser nombrado coadjutor de la Arquidiócesis de Saigón cuando los comunistas vietnamitas tomaron el poder en 1975, imponiendo una brutal dictadura. Metieron al arzobispo Thuan a la cárcel, donde sufrió por los siguientes trece años —nueve de los cuales los pasó en una celda en completo aislamiento.

Durante estos años, oró y escribió mensajes a su pueblo en pedazos de papel que fueron pasados clandestinamente y luego publicados.

El tema constante de sus escritos era la esperanza.

La habilidad de orar —hablar con Dios— le proporcionó

un sentido de libertad, aun cuando su cuerpo estaba encadenado. En esa noche oscura de soledad, sin ningún contacto humano, encontró esperanza en Dios. Como resultado, él se ha convertido en uno de los grandes testigos de la esperanza cristiana con que la Iglesia cuenta en nuestra era.

"Los cristianos", dijo él, "son la luz en la oscuridad, la sal donde la vida no tiene sabor, y [la] esperanza en medio de una humanidad que la ha perdido".

El cardenal Thuan falleció en el 2002 y se está considerando la causa de su canonización. Reflexiono ahora sobre su vida, mientras pienso en la continua persecución de los cristianos en el Medio Oriente, en África y en el resto del mundo. Rezo a diario, como creo que todos nosotros en la Iglesia deberíamos hacerlo, para que aquellos que sufren persecución puedan perseverar en la esperanza.

La esperanza es una virtud teologal que nos da la capacidad de mantener la mirada fija en el cielo, aun en aquellos momentos en que nuestros sufrimientos y pruebas hacen que nuestra vida en la Tierra se parezca a un infierno.

Mediante el don de la esperanza, que nos ha sido infundido en el bautismo, Dios nos ayuda a confiar en la Buena Nueva de Cristo Jesús y a esperar confiadamente sus bendiciones que ha prometido a aquellos que creen en Él.

La esperanza cristiana no es un cierto tipo de ilusión, ¡muy lejos de eso! La esperanza cristiana es la única certeza en este mundo pasajero. El papa Benedicto XVI dijo esto de forma muy contundente en su carta encíclica sobre la esperanza, Spe Salvi, de 2007.

Todas las esperanzas de este mundo son temporales y están supeditadas a otros aspectos.

La gente espera muchas cosas: trabajo, comodidades materiales, amor y felicidad. Pero todo esto, sin importar cuán esencial y bello sea, no necesariamente es para siempre. Podemos perder nuestro trabajo, podemos perder a un ser querido, y nuestra libertad o nuestra buena salud nos puede ser arrebatada. Si no tenemos esperanzas más grandes que estas, estamos destinados a una vida de tristeza y desengaños.

La esperanza cristiana, la esperanza de la cruz, no es así. San Pedro dijo: "Por su gran misericordia, nos ha hecho renacer para una esperanza viva, mediante la resurrección de Jesucristo de entre los muertos" (Pedro 1:3).

Entonces, ¿qué estás esperando? Estamos esperando que se cumpla la promesa de Cristo —que todos los que creen en Él tendrán vida eterna (cfr. Juan 6:47,54).

Lo que esperamos como cristianos se ha hecho realidad. Cristo ha muerto, ha resucitado, y vendrá de nuevo. Lo que esperamos del futuro —cielo y vida eterna, salvación y redención— ya ha sido garantizado.

Dado que Cristo ha sido resucitado de entre los muertos, podemos tener la certeza de que Él nos resucitará a la vida eterna. Cuando vivimos en esta esperanza, somos libres, aunque estemos encadenados, como lo estaba el cardenal Thuan.

Nuestra esperanza en la resurrección debería estimular cada aspecto de nuestra vida. Pero como sucede con todas las virtudes, la esperanza es difícil de conservar hasta el final.

La desesperanza es lo opuesto a la esperanza. Podemos mirar toda la tristeza y el sufrimiento del mundo, quizás en nuestra vida misma, y sentirnos tentados a desesperarnos. Es, de hecho, una de las grandes tentaciones que enfrentamos cuando tornamos nuestra mirada al mundo de hoy.

Abundan las señales que nos dicen que las cosas en el mundo no van de la forma que Dios quiere. Presenciamos guerra y pobreza, persecuciones y terror. Vemos todas las injusticias y desigualdades incluyendo la toma de la inocente vida humana a través del aborto, que ocurre rutinariamente en nuestra sociedad. A veces nos puede parecer que falta un largo camino por recorrer para alcanzar el reino al que, como cristianos, estamos llamados a construir.

Sabemos que millones de personas a nuestro alrededor se sienten abandonadas, como si Dios las hubiera abandonado. Presencian todo el caos, todo el mal e injusticias y no pueden imaginarse como un Dios bueno puede permitir todo eso. Algunos han desarrollado amargura y rechazo contra Dios. Otros se han hecho indiferentes y viven como que si Dios no existiera.

Este es un verdadero reto en la misión que tiene la Iglesia de una nueva evangelización —y creo yo, una tarea especial para los cristianos en este momento de nuestra historia: ¡Necesitamos enseñarle al mundo cómo tener esperanza de nuevo! Como dijo el cardenal Thuan, los cristianos estamos llamados a ser luz en la oscuridad en un mundo donde tantos han perdido la esperanza.

Necesitamos ayudar a nuestros hermanos a volver a descubrir el bello designio de Dios para la creación, su providencia y amor. Dios está a cargo. Lo sabemos por la fe. Él está a cargo de la historia y está a cargo de cada una de nuestras vidas. Y eso significa que le importamos a Dios, de forma individual.

Esto es lo que la esperanza cristiana nos enseña. Y este bello mensaje debe ser uno de los temas medulares de la nueva evangelización.

El papa Francisco dice que la esperanza es aquella virtud humilde y oculta. Oculta, porque con frecuencia no vemos las razones de nuestra esperanza en el mundo. Humilde, porque nuestra esperanza se hace realidad en la humildad de Jesús, que viene a caminar con nosotros para compartir nuestra vida, nuestras dichas y nuestras luchas. Él dice:

> La virtud de la esperanza... es tan difícil de vivir. Es la más pequeña pero la más fuerte de las virtudes. Y nuestra esperanza tiene un rostro: el rostro del Señor resucitado... El triunfo de Jesús al final de los tiempos será el triunfo de la cruz, la demostración de que el sacrificio de uno mismo por amor al prójimo, a imitación de Cristo, es el único poder victorioso, el único punto estable en medio de las conmociones y tragedias del mundo.[9]

Entonces necesitamos ayudar a nuestros hermanos a perseverar en la esperanza, aun en medio de las luchas y los retos de la vida cotidiana. Necesitamos traerlos al encuentro con el Jesús resucitado, que es el motivo de nuestra esperanza. Para lograrlo, primero tenemos que crecer nosotros mismos en esta virtud. Necesitamos tener un plan para nutrir el crecimiento de esta virtud en nuestra propia vida.

La oración es la gran escuela para crecer en esperanza. Cuando oramos nos damos cuenta de que nunca estamos solos. Esta es la esperanza que mantuvo al cardenal Thuan durante sus años en aislamiento. Y él nos da un buen consejo: "No es necesario ser formal, simplemente ora desde tu corazón —como un niño con su padre".

Mi oración es que todos nosotros reservemos diariamente un tiempo para estas simples conversaciones. Debemos destinar un tiempo para orar por nuestros seres queridos y por nosotros. Pero también necesitamos pedir que la estrella de la esperanza cristiana se eleve en los corazones de nuestros hermanos. Y hagamos un esfuerzo consciente, en todas nuestras acciones, para ser una fuente de esperanza para los demás —mediante palabras que brinden aliento y nuestras obras de amor y misericordia.

Como dijo el cardenal Thuan: "La ruta de la esperanza está pavimentada de pequeños actos de amor a lo largo del camino de la vida. De cada minuto de esperanza en la vida nace una vida de esperanza".[10]

Oremos por ese don de esperanza y pidámosle a nuestra bienaventurada Madre María, nuestra Señora de la Esperanza, que nos ayude a permanecer siempre cerca de Jesús, siguiéndolo con amor, y siendo misioneros de esa esperanza.

FOCO: Necesitamos contar con un plan positivo para nutrir la virtud de la esperanza en nuestras vidas. La oración es la gran escuela para crecer en esperanza.

REFLEXIÓN: Piensa en alguien por quien te gustaría orar. Y luego haz la siguiente oración: Dios de Resurrección, dale a _____ un corazón de esperanza.

Monseñor José Horacio Gómez funge como arzobispo de Los Ángeles y es el vicepresidente de la Conferencia de los Obispos Católicos de los Estados Unidos.

INSTRUMENTOS DE *GIALLO*

MONSEÑOR GENO SYLVA, STD

"El secreto de todas las cosas consiste en permitir que Dios te lleve
y, de esa forma, llevar a los demás a Él".
— San Juan XXIII

¡Ubicación, ubicación, ubicación! ¡Qué bendición es para mí tener una vista tan maravillosa! Creo que la ventana de mi oficina en el Consejo Pontificio para la promoción de la nueva evangelización es la mejor vista de la Ciudad Eterna. No, no contemplo el esplendor arquitectónico de la Basílica de San Pedro ni diviso los cuidados jardines del Vaticano. Más bien, mi vista abarca la vía que durante el año de jubileo de la misericordia se reservó para los peregrinos. Daba inicio en el Castillo de *Sant'Angelo*, bajando por la *Via della Conciliazione* y atravesando la puerta santa de la Basílica hasta llegar justamente a la tumba del apóstol Pedro. Cada día soy testigo de miles de peregrinos de todos los rincones del mundo que vienen a hacer de esta su estancia temporal y a rezar y a cantar en preparación a la profundización de su conversión a Cristo mientras pasan por la Puerta Santa durante el año jubilar de la misericordia.

Estos viajeros venían vestidos de todos colores, aprovechando una oportunidad que se presenta una vez en la vida, de recibir las gracias especiales que el papa Francisco puso a nuestra disposición ese año. Aún, cuando desde arriba miraba las multitudes, había un color que sobresalía del resto. Decenas de hombres y mujeres andaban de amarillo fuerte, con los chalecos y los gorros del jubileo, guiando a los peregrinos a lo largo de aproximadamente quinientas yardas de gozosa expectativa. Estos eran los voluntarios que hicieron posible que cada peregrino tuviera una tranquila experiencia espiritual a pesar del abrasador sol romano, de las fuertes lluvias y de los turistas, con frecuencia rudos e intrusivos. Cada sábado llegaba un nuevo grupo entre treinta a cien voluntarios para empezar su abnegado servicio de misericordia. Más de tres mil personas desde los dieciocho hasta los ochenta y cinco años, provenientes de treinta y seis países, escucharon esta llamada. Entre ellos había hombres y mujeres pensionados, estudiantes universitarios, seminaristas, sacerdotes, amas de casa, hermanas religiosas, diáconos, militares y jóvenes adultos desempleados.

¿Por qué el color amarillo? Cuando tuvimos la primera reunión para discutir los uniformes para que los voluntarios fueran fáciles de distinguir, yo objeté vehementemente el amarillo. Habiendo crecido en los Estados Unidos, recuerdo perfectamente que algunos niños decían cosas como: "¿Qué eres? ¿Una ardilla con la panza amarilla?", para indicar que la persona era miedosa o fácil de asustar. Entonces, para mí, el amarillo siempre ha tenido una connotación negativa. Por el contrario, mis colegas italianos me aseguran que en su país el amarillo (giallo) ha sido siempre asociado con claridad, con un sol radiante y, sí, es cierto, con algo de misterio. De hecho, un género de la literatura italiana del siglo XX se conoce específicamente como giallo, tomando el nombre de las distintivas cubiertas amarillas de estos pequeños libros. Introducidos en 1929, constituían obras de misterio y suspenso que cautivaban a los italianos durante los duros tiempos de privaciones que estaban viviendo.

Mientras seguía observando a los voluntarios, me percataba lo verdaderamente giallo que había sido cada uno. Mostraban una cierta claridad de propósito. No buscaban que sus nombres fueran recordados, pero querían hacer algo más que meramente brindar acceso a la Puerta Santa de San Pedro. Con su misma presencia, fina atención y esplendorosa sonrisa le demostraron a cada peregrino que su vida, de hecho, era de gran valor. Muchos peregrinos me comentaron que estaban impresionados por el cuidado y las atenciones dadas por esos extraños vestidos de amarillo. Un señor mayor me dijo que volvió por la Puerta Santa tres veces más dado que se sintió tan meritorio del amor de Dios después de que lo habían tratado de una forma tan atenta y cariñosa. ¡Realmente reflejaba el enfoque de la pastoral del papa Francisco! Cuando el arzobispo Rino Fisichella, presidente del Consejo Pontificio para la promoción de la nueva evangelización, describió el énfasis del Santo Padre respecto al encuentro personal: "El amor genera fe, y la fe sustenta el amor... alguien cree que es amado". Con frecuencia presencié a los peregrinos sobrecogidos al encontrar a estos voluntarios que sin saberlo proporcionaban mayores razones para creer simplemente al atestiguar su ejemplo de amor.

Pero aun teniendo claro que estas personas viajaron a Roma con un propósito muy noble y eran fácilmente reconocidas por su traje dorado, aun así, había un sentido de misterio con respecto a ellos. ¿Por qué hacían esas obras desinteresadas? ¿Cómo podían dejar sus trabajos y sus familias para asistir en el jubileo de la misericordia? Tanto peregrinos como turistas me preguntaron numerosas veces cuánto les estaba pagando el Vaticano. Lucían incrédulos cuando les respondí: "Solo con el almuerzo y hospedaje para pasar la noche". Sus sacrificios reafirmaron en mi mente que estos individuos eran verdaderos instrumentos del misterio de nuestra fe cristiana —una luz deslumbrante que excedía nuestra comprensión y no algo desconocido y escondido. Como el papa Francisco le dijo a un grupo reunido en la Plaza de San Pedro el 15 de octubre de 2013: "La esperanza cristina abarca toda la persona; entonces no es un mero deseo u optimismo, sino la total realización del misterio del amor divino, en el que hemos nacido y en el que vivimos".

De acuerdo con el Santo Padre, la esperanza no es un sentimiento o una emoción sino una convicción que viene de saber que somos amados por Dios. Y de alguna manera, cada uno de estos voluntarios vestidos de giallo no es un personaje ficticio de una vieja novela italiana de misterio, sino un testigo del verdadero misterio del amor divino. Como las privaciones de hoy día son generalmente de carácter espiritual, estos voluntarios fortalecieron a cada peregrino mientras pasaba por el umbral de la Puerta Santa y servían como ejemplos personales de la esperanza que viene de Cristo Jesús. Me siento afortunado de haber podido divisar a estos "instrumentos de giallo".

FOCO: Simplemente con tu presencia, esmero y gran sonrisa, puedes demostrarle a la gente que te rodea que sus vidas tienen gran valor.

REFLEXIÓN: ¿Cómo puedes convertirte en un "instrumento de giallo" en tu vida? ¿Podrías, de alguna forma, ir al encuentro de un amigo o de un ser querido? ¿Podrías escribir una nota de agradecimiento a alguien que quizás no se siente apreciado? ¿Podrías proveer una comida para alguien que lo necesite?

Monseñor Geno Sylva, STD, es un sacerdote de la Diócesis de Paterson, y sirve en el Consejo Pontificio para la promoción de la nueva evangelización.

EL ABC DE LA ESPERANZA

ALLEN R. HUNT

"Nos regocijamos en nuestra esperanza al
compartir la gloria de Dios".
— Romanos 5:2b

Los bebés inspiran esperanza. Mi esposa y yo nos dimos cuenta de eso hoy. Nuestro primer nieto acaba de llegar al mundo. Y ante nuestros ojos aparece una nueva generación. El pequeño Allen Joseph. Su nacimiento ha abierto una dimensión en mi corazón que ni siquiera sabía que existía. Me ha hecho percibir el amor de una forma completamente distinta. Entonces ahora le escribo sobre mi esperanza para su vida y para su fe.

Mi querido Allen Joseph:

Tu abuelita y yo tenemos profundas esperanzas para ti. Aquí va mi abecedario de esperanza para ti:

Amor —Siempre ha definido a la Iglesia y al pueblo de Dios. El amor nos distingue del mundo. Amamos. Esto te hará diferente.

Bautismo —Mis ojos se llenarán de lágrimas cuando mi hija te cargue en sus brazos para recibir las aguas bautismales. ¡Qué gran don! Una nueva vida en la familia de Dios. Todas las posibilidades. Que no solo sepas quién eres sino a quién perteneces.

Corazón para Dios —Pido que vayas a ser como el Rey David. Un varón conforme al propio corazón de Dios.

Dadivosidad —Las que dan con generosidad son las personas más esperanzadoras que conozco. Que te conviertas en una de ellas.

Ética de trabajo —Cada uno en tu familia parece poseerla. Espero que tú también la tengas.

Funerales —Que te dejes inspirar por los funerales, pues somos gente de Pascua.

Gran educación —Espero que tengas una mente fina. Aún más, espero que recibas una educación que te prepare para la vida. Para pensar con plenitud. Para tener la "mente de Dios".

Hondo amor por las personas —Jesús nos enseña dos cosas: 1) Amar a Dios y 2) Amar al prójimo. No me preocupa si vas a lograr riqueza o reconocimiento. Que puedas sobre todo ser reconocido por tu profundo amor.

Inspiradora música —Que tu oído se llene de la melodía de Dios. Ya sea Solo en Cristo u ¡Oh Dios de mi alma, sé Tú mi visión!, o alguna otra pieza que yo no haya escuchado.

Jesús crucificado —Cuando me siento a escuchar a mi amigo mientras aúna cada onza de coraje para sobrellevar los tratamientos de quimioterapia, él y yo miramos el crucifijo, a nuestro Señor que sufre. Pido, mi nieto, que experimentes la misma esperanza cuando enfrentes confusión, dolor o desolación.

Kerigma —Somos emisarios de la buena nueva de la resurrección de Cristo. Realmente lo somos. Un hombre dijo: "Si no crees en la resurrección, entonces no eres creyente". Somos gente de Pascua. Espero que puedas aprender a mirar hacia delante con deseo y confianza. Con ello, tendrás una esperanza que el mundo no tiene.

La Eucaristía —El cuerpo. La sangre. La Eucaristía cambió mi vida y mi alma. Espero que te alimente y te nutra cada día de tu vida.

Monasterio del Espíritu Santo —Pasé un día de retiro ahí cada mes. Solo la increíble belleza de la arquitectura de esta iglesia me levantaba el espíritu. Espero compartir esa misma inspiración muy pronto contigo.

Ninguna condición para amar —El mirarte por solo un instante, mi nieto, me transportó al interior del corazón de Dios, un corazón lleno de amor incondicional. Si yo, un abuelo terrenal, con mis faltas y defectos, puedo amarte así, puedo solo empezar a imaginarme cuán abundante es el amor de Dios por ti.

Ñublo —No estás solo, nunca lo estás. Estamos rodeados, cubiertos por una gran nube de testigos, personas que vivieron con una misión. Las conoceremos un día, cara a cara, cuando lleguemos al Lugar.

Osadía en la búsqueda —Piensa en San Juan Fisher. Dispuesto a perderlo todo, incluso su vida, en afán de amar a Dios y de serle obediente. Las búsquedas te recuerdan, mi querido hijo, que puedes ser mejor y mejor. Y lo serás.

Padres —Cuando veo padres sentados con sus niños en misa, orando con sus hijos en un restaurante, o sirviendo en un equipo de misión como familia, percibo la esperanza más profunda que puedo imaginarme. Esos padres lo entienden y están invirtiendo en el alma de sus hijos. Y eso marcará la diferencia. Que Dios bendiga a tus padres mientras buscan hacer lo mismo para ti.

Que sepas adónde te diriges —Somos ciudadanos del cielo. Un antiguo nombre hebreo para dirigirse a Dios es El Lugar. Quiero que sepas que allí es donde vamos. Tu destino es vivir en Él. Dios es nuestro Lugar.

Recibimiento dentro de la Iglesia —¿Quién puede participar de la Vigilia Pascual y ser testigo de un joven que afirma su deseo de ser parte del pueblo pascual y no sentir esperanza? Espero ansioso el día en que te incorpores plenamente a la Iglesia.

Santa Gertrudis la Grande —¡Qué mujer! Espero que llegues a conocerla un poco en tu vida. La única mujer santa a la que llaman "la Grande". Es fácil ver por qué. Lee su oración y te será obvio. Ella es una mujer de gran esperanza.

Oh, Sagrado Corazón de Jesús, fuente de eterna esperanza, tu corazón es una hoguera resplandeciente de amor. Eres mi refugio y mi santuario. Oh mi adorable y amoroso Señor, consume mi corazón con el mismo fuego que arde en el tuyo. Derrama en mi alma aquellas gracias que fluyen de tu amor. Permite que mi corazón esté unido al tuyo.

Tú me recuerdas que no estoy solo. Te ayudaré a descubrir que estamos en esta travesía de esperanza juntos, con mucha gente buena.

Un buen sacerdote —¿Puede haber algo mejor en la vida de un niño, de un adolescente y de un hombre? Que tu vida esté colmada de muchos finos sacerdotes.

Virtuosos maestros, que verdaderamente se interesen por ti —El mayor regalo que podemos darte es el regalo de la fe.

Oro para que a lo largo de tu vida tengas maestras que te muestren el camino y te ayuden a emprenderlo.

X —La primera letra de Cristo en el antiguo griego. La equis fue un símbolo de Cristo en la Iglesia primitiva. El diccionario dice que una "esperanza" es una persona en quien centramos nuestras expectativas. Pido, mi nieto, que para ti esa persona sea Jesús. A fin de cuentas, Él es Cristo.

Y excepcional sentido de vocación y propósito —Ya sea que Él te llame a ser al sacerdocio, al celibato o la vida matrimonial, pido que vivas la vida plenamente, con un gran sentido del propósito divino. Que ese propósito estimule tu mundo cada día.

Zéphyros —palabra de origen griego, en castellano céfiro o viento fresco que significa: hay uno que sopla en la Iglesia. ¿Puedes sentirlo? Que sea fuente de inspiración en tu vida hoy, mañana y siempre.

Con amor,
Tu esperanzado abuelo

FOCO: Somos emisarios de la Pascua, mirando con confianza hacia delante. Con ella, tenemos una esperanza que el mundo no posee.

REFLEXIÓN: Crea tu propio abecedario de esperanza para tu vida o para la de alguien a quien amas.

El Dr. Allen R. Hunt es un conferencista y un autor de gran éxito de ventas en Dynamic Catholic.

MANOS DE ESPERANZA

ABUELO HESS

"Cristo no tiene otro cuerpo más que el tuyo".
— Santa Teresa de Ávila

Tengo las manos de un granjero del oeste medio de Estados Unidos. Están desgastadas y ásperas. Se han secado por el sol y tienen callos. Muestran el cansancio y los golpes. Mis manos han cultivado el terreno y plantado semillas. Se ven de la misma edad que tengo, noventa y tres años de vida.

Tengo las manos de un esposo. Han arreglado autos y cambiado bombillas. Han barnizado la cerca y cambiado aceite. Han cortado el césped y sacado la basura. Mis manos están moldeadas para tomar la mano de la que ha sido mi esposa por setenta años. Nunca se sienten tan bien como cuando están en las de ella.

Tengo las manos de un padre, de un abuelo y de un bisabuelo. Han cambiado los pañales de cuarenta y cinco de los más bellos niños, nietos y bisnietos que un hombre pueda pedir. Han secado lágrimas, jugado a atajar, envuelto regalos, mecido cunas, cosquilleado deditos de los pies y alimentado a cada niño con amor.

Tengo las manos de un hijo. Le dieron la mano a mi padre cuando partí a la Segunda Guerra Mundial, y estrecharon las de mi madre cuando regresé. Empuñaron la pala al enterrar a ambos padres terrenales. Mis manos han abierto el buen libro escrito por mi Padre Celestial. Han tomado el cuerpo de Jesucristo cada día por más de setenta años.

En última instancia, mi esperanza resta no en el trabajo de mis propias manos, sino en las manos de Jesús. Jesús ha estado conmigo cada día de mi vida. Lo sentí de una forma más poderosa el día en que besé las heridas de Cristo en las manos del gran santo Padre Pío.

Conocí al Padre Pío durante el tercer año en que yo servía como mecánico de visores de bombardeo y sistemas de piloto automático en la Segunda Guerra Mundial. Cuando la guerra terminó, me pidieron que me quedara en Europa para hacer un año más de servicio. Mi familia en Ohio me contactó y me dijo que pensaban que mi base estaba cerca de San Giovanni Rotondo, donde vivía el Padre Pío. Efectivamente cuando vi el mapa, me di cuenta de que estaba en la villa contigua a San Giovanni Rotondo. ¿Puedes creerlo? ¿Cuáles son las probabilidades de que eso suceda? Tenía que haber sido el Señor.

La primera vez que vi al Padre Pío, él permitió a un grupo de nosotros besar el guante que cubría el estigma en su palma. ¡Qué gracia! Su presencia me conmovió profundamente. Había algo diferente en el Padre Pío. Su presencia tenía más peso que la de otros. Siempre estaba feliz, siempre sonriente, a pesar de sus profundas heridas. Era un regalo para él, sufrir con el Señor. Me sentí más cerca de Dios cuando estaba con el Padre Pío, y no podía esperar visitarlo de nuevo.

Dios me dio la oportunidad de visitar al Padre Pío en cuatro ocasiones durante mi estadía en Italia. Lo recuerdo invitando a un compañero de milicia y a mí a arrodillarnos ante el altar antes de decir misa. Estábamos tan cerca de él que claramente podíamos ver el estigma en las palmas de sus manos mientras celebraba la Eucaristía. Siempre se quitaba los guantes en misa. Recibimos el cuerpo de Cristo de esas manos. Luego me invitó a arrodillarme en frente de él, poniendo su mano derecha sobre mi cabeza y sosteniendo su mano izquierda al frente mío. Besé la llaga de Cristo en la carne del Padre Pío. Esa experiencia fue una gracia tan especial. Pienso en ello a diario.

La única vez que hablé con el Padre Pío fue para pedirle que rezara por mi hermana y mi padre que no estaban bien de salud. Mi madre me había escrito desde casa para pedirme que le pidiera al Padre Pío poner esta intención en sus oraciones. Después de escucharme, me dijo: "Los tendré presentes en la palma de mi mano". Supe que iban a estar cuidados. Y lo estuvieron.

Puedo sentir al Padre Pío conmigo todo el tiempo. Sé que está rezando por mí y por mi familia. El día en que el Padre Pío murió, las campanas de nuestra iglesia repicaron milagrosamente por casi tres horas. El conserje tuvo que prensar el cable de las campanas para hacerlas detenerse. Yo podía escuchar las campanas desde la granja que estaba como a una milla de distancia. De esa forma el Padre Pío se despidió de nosotros. A veces cuando cierro mis ojos, todavía puedo escuchar los campanazos y sonrío.

Los santos son faros de esperanza en el mundo. Nos enseñan

que hombres y mujeres comunes y corrientes pueden ser las manos vivas de Jesús actuando en el mundo. Los santos le muestran al mundo que Dios hace cosas poderosas a través de aquellos que se hacen disponibles a Él.

El Padre Pío me da esperanza de que una vida puede hacer la diferencia en otra. Me da esperanza de que mis manos pueden hacer la obra de Dios. Incluso a través de un simple granjero, esposo, padre e hijo, Dios puede traer esperanza al mundo. Si Dios puede hacer de alguien ordinario un santo como el Padre Pío, Él también puede hacer lo mismo contigo y conmigo.

A lo largo de mi vida, he encontrado esperanza en la gente. A través de las personas, Dios me ha mostrado que ama hacer cosas extraordinarias a través de lo ordinario. Mi esposa es mi esperanza. Mis hijos, mis nietos y mis bisnietos son mi esperanza. Padre Pío es mi esperanza. Tú eres mi esperanza.

Sí, tú, que estás leyendo esto; tú eres mi esperanza. Tú eres un regalo de Dios para el mundo. En ti está depositada la esperanza de una Iglesia más bella y más grande. Dentro de ti yace la esperanza de que esta pueda convertirse en una nación de familias santas y sacerdotes y religiosos santos. Dentro de ti yace la esperanza de que el amor pueda prevalecer sobre el odio. En ti está la esperanza de que Dios difundirá su maravilloso mensaje de salvación en cada rincón de la Tierra.

Tú eres las manos de Dios en el mundo. Ve ahora y hazle algo bello.

FOCO: La esperanza se encuentra en la gente. Mediante las personas, Dios nos muestra que ama hacer cosas extraordinarias a través de lo ordinario.

REFLEXIÓN: Nombra las personas en tu vida que te dan esperanza. Acércate a una de esas personas esta semana y agradécele por ser una fuente de esperanza para ti.

El abuelo (Paul) Hess es un granjero retirado y un veterano de la Segunda Guerra Mundial. Tiene siete hijos y ha estado casado con su esposa, Mary, por setenta años.

REFERENCIAS[1]

1. http://www.dictionary.com/browse/hope?s=t
    (búsqueda en línea de la definición de "esperanza")
    https://www.diccionarios.com/detalle.
    php?palabra=esperanza&Buscar.x=54&Buscar.
    y=16&Buscar=submit&dicc_100=on

2. http://www.dictionary.com/browse/wish?s=t
    (búsqueda en línea de la definición de "deseo")
    https://www.diccionarios.com/detalle.
    php?palabra=deseo&Buscar.x=59&Buscar.
    y=18&Buscar=submit&dicc_100=on&dicc_100=on

3. *Obras de Santa Catalina de Siena: el diálogo, oraciones y soliloquios* Tratado de la Divina Providencia – En diálogo amoroso con Dios.

4. Thérèse de Lisieux, Historia *de un Alma* – autobiografía de Teresa de Lisieux (traducida al inglés por John Clark, OCD) (Washington, DC: ICS Publications, 1996), p. 207.

5. San Juan de la Cruz, *La noche oscura del alma* Libro 2, Capítulo 2.

6. Thérèse de Lisieux, Historia *de un Alma* – autobiografía de Teresa de Lisieux (traducida al inglés por John Clark, OCD) (Washington, DC: ICS Publications, 1996), p. 72.

7. Rev. Jim Willig & Tammy Bundy, *Lecciones de la escuela del sufrimiento (Cincinnati: St. Anthony Messenger Press*, 2001), p. 22.

8. Joseph Cardinal Bernadin, *El don de la paz* (Chicago: Loyola Press, 1997).

9. https://w2.vatican.va/content/francesco/en/angelus/2015/documents/papa-francesco_angelus_20151115.html. Reflexión de S.S. Francisco, Angelus, Plaza de San Pedro, 15 de noviembre de 2015.

10. Francis X. Nguyen Van Thuan, El camino de la esperanza (Nueva York: New City Press, 2013)

[1]Utilizadas en el título original: *Beautiful Hope*, 2017.

¿ALGUNA VEZ TE HAS PREGUNTADO CÓMO PODRÍA LA FE CATÓLICA AYUDARTE A VIVIR MEJOR?

¿Cómo podría la fe ayudarte a encontrar una mayor *dicha* en tu trabajo, a *administrar* tus finanzas personales adecuadamente, a *mejorar* tu matrimonio o a ser un *mejor* padre o madre de familia?

¡HAY GENIALIDAD EN EL CATOLICISMO!

Cuando vives el *catolicismo* según su designio, cada área de tu vida se eleva. Puede ser que te suene demasiado simple, pero se dice que la *genialidad consiste precisamente en tomar algo complejo y simplificarlo.*

Dynamic Catholic se inició con un sueño: ayudar a la gente común a descubrir la *genialidad del catolicismo.*

Estés donde estés a lo largo del camino, queremos ir a tu encuentro y caminar contigo, *paso a paso,* ayudándote a descubrir a Dios y a convertirte en *la mejor versión de ti mismo.*

Para encontrar otros valiosos recursos, visítanos en línea en DynamicCatholic.com.

Dynamic Catholic

ALIMENTA TU ALMA.